愛語に生きた良寛さま

吉岡二郎 著

こしの千涯画

―目次―

はじめに

木村家のおばーちゃまの名言。

「吉岡先生。また間違えたね。昨日も間違ったねかね。頑張ってよ」。子供に言われる。

合唱コンクール出場の私は、ピアノ伴奏を命じられて、毎日練習しているが、間違ってばかり。どうして同じところを間違うのだろう。本番が迫るというのに。子供にも言われ、つい下宿先の木村家で口説いてしまった。

その時、おばーちゃまが、

「そんな心配はいらんて、必ず成功するって」

「その間違いが力になるんですよ。いっぱい間違いなされ」

驚いたねー「いっぱい間違いなさい」だって。間違いを応援されたのか、けなされたのか、同情されたのか。

「道元さまのお言葉にね」

「今の一当は過去の百不当の力なり」

って言葉がありますが、「矢が的《まと》に当たった、今の一本は、過去のいっぱいの失敗があったからだ、当たらなかった矢がいっぱいあって、そのお蔭なんだって」

「だから当日まで一生懸命頑張りなさい、ただやるだけだって」と言うのです。

「百不当の力だって、失敗の力だって」。あーあ。恥かしい。また同情された。

ところが、ずーっと後になって道元の『正法眼蔵』の中の言葉と知りました。へー、おばーちゃまは、あの頃『正法眼蔵』を読んでいなさったんだ。

初めて教師になって、良寛の何たるかも知らないで、島崎の木村家に下宿させてもらったのです。何かの因縁でしょうね。

何故、私だけが木村家にお世話になったの

か、それが御縁で今、良寛を書いていますが、天命でしょうか。

木村家の「おばーちゃま」がまた偉い方で、私の人生勉強の先生でした。普段と同じ話しぶりなんだけど、その中にとんでもない「凄い人生訓」があるのです。

百不当の話も、聞き流していればなんて事はないんだろうが…。

木村家の裏には、昔一緒に能登から越して来たという隆泉寺という名刹がありますが、代々そのお寺の熱心な檀家です。

朝の「リーン」で目が覚めたものです。ああ、今日もお勤め立派なものだなー、と思っていましたが、ご先祖様へのお勤めばかりではなかったのです。

それは、「昨日を反省し、今日をこのように生きよう」との反省と実践目標とがあったんですね。昨日の日常態度の反省をしっかりやって、今日はこのように生きようって。やっと今、誰にも邪魔されない時間を持つことの意味が分かってきました。

現代人に今必要な事、それがこの、誰にも邪魔されない、反省と実践目標を持つ時間だろうと思います。その時間が無いから…。

良寛の精神の根幹を流れているのは宗祖道元だと思います。が、その道元の愛語。それを実践した良寛、その良寛の愛語を実践しようというおばーちゃまには、本当に心から頭が下がります。

私が今書いている『愛語に生きた良寛さま』も、ほとんどが五十年も前に木村家で見聞きした「ことば」、「体験した」ことばかりです。だから、わたしは、どんな事を書こうとも、おばーちゃまの手のひらからでていないのです。

おばーちゃまの口癖がもう一つありました。それは、「えー（良い）先生目指して、えー先生になりなされや」これも、おばーちゃま。

「子供たちはのう。先生を選ばれないすけのう」この言葉も道元が言っているのです。

正師を得ざれば、学ばざるにしかず

そうです。正師とは修行と学問、実践と理論とが一致している先生のことです。そういう先生に出逢わなければ、学ばなかったことと同じだって。そんな教師になれるかなー。

小学校の頃、先生とは何でも知っているんだって、という話を聞いた事があります。

そこで、私は道端にはえている「草」を一本持って行き「これなんて草?」

「ああこれはの、なになに」

「これは?」

「なになに」

これは? これは? 何を持っていっても「なになに」と言ってくださいました。

うわーすごい。こんなでないと先生になれないんだ。先生ってすごいなーと、子供なりに思ったものです。

また「愛語」についても同じことがいえます。陰日なたなく、死がやって来るまで、愛語が使えてこその先生です。

これも、良寛が実践した愛語ですが木村家では、全員が実践していらっしゃいました。良寛の書いた「愛語」が台所の柱に貼ってあって四六時中見えるのです。

「まねしょいね」って言われるのです。

愛語トイウハ、衆生ヲ見ルニマヅ慈愛ノ心ヲオコシ顧愛ノ言語ヲホドコスナリ。ホヨソ暴悪ノ言語ナキナリ　世俗ニハ
安否ヲ問ウ礼儀アリ
徳アルハホムベシ

この「徳アルハホムベシ」。これがいちばんすきなんだが…。

木村家で、ぼんやり見過ごしてきた事がいっぱいあります。それらの数々を思い出しながら『愛語に生きた良寛さま』を書いていきたいものです。

良寛の書・歌・心。その少しでも、匂いを嗅げれば。ムードが伝われば、と思います。そして子供たちに返して上げられれば有り難いのですが。

私は、下宿させてもらった者にしか分からない、私にしか感じられないムード等、あろうかと思います。それらを、この『愛語に生きた良寛さま』で伝えられれば幸せです。

吉岡　二郎

嫌われた子は

島崎時代の良寛、それはまさに窓から光が差し込んだように輝いた人生です。将に、そこそが、人々をひきつけて離さないところです。貞心尼と出会って命の焔が燃え盛り、良寛芸術が完成し、人格の完成をみるのです。

良寛様って実に奥深くて、偉大です。

私の力では万分の一も近づけないでしょうが、学んだことが少しでも血となり肉となればそれでいい。いやそんな風に書ければいいと思っています。

もし読んでくれる人が、一人でもいてくれて、意見が聞けたらもっとありがたい。そう思って月に二回ほどのペースで書いてみたいと思っています。

私はかつて木村家（良寛遷化の）に教員になりかけの頃、下宿させてもらいました。

ある朝、食卓に人参の煮物が出ました。私は人参が大嫌いで、それまでは食べたことがありませんでした。しょうがありません。隠すようにして残しました。

お昼になりました。

ええっー。その大嫌いな人参が私の膳にだけついているではありませんか。サーどうしましょう。皆さんは知らんふりして、いつもと変わらずご飯を食べていらっしゃいます。うーん。冷や汗を流しながら目をつむってまた残しました。

夕飯ですよーの声。

ええっー、どうなってるのー。手を加えた人参が私のお膳にだけ、また載っているではありませんか。

首うなだれてどうしよう、っと。

「先生食べ物の好き嫌いは人の好き嫌いに通

じますよ。

嫌われた子はどうなるんですか」

「?」

「おらの家の人参は特に美味しいから、鼻つまんでもいいすけ食べてごらん」

さあー、もう身体ここに極まったりー。

冷や汗だらだら、崖から飛び降りるつもりで、深呼吸、ゴクン、ガシガシって、一気に飲み込みました。人参がのど仏を通るか通らないかの時です。

「ほら美味しかったでしょう」

タイミング良く。

つられて、

「ああー美味しかった」


以後、好き嫌いなく何でも頂いています。

今考えると、おばーちゃまが、良寛様だってつくづく思います。もう亡くなられましたが、このような方が多かったら、子供の非行・登校拒否・いじめ等は無くなるだろうと思います。

良寛様は亡くなっても教えはなくなっていないし、生きているのです。

木村家

門前の小僧

当時（六十年前ごろ）、木村家では、良寛没後百廿年とかで日曜になると、団体客がバスでやってきました。木村家では蔵を開放して、そこに良寛の「書、歌、記念品」を飾ってらして、団体客に説明をしていらっしゃいました。私はその度ごとについて回りました。初めはちんぷんかんぷんでも、だんだんこれは、此処までが一つの文字だ、とか、此処は文字が抜けてるんだ、とかが分かってきます。意味も少しずつですが分かってきます。だんだん読めたり、分かってくるようになるものですね。

ご主人は、

「本物は良いね、よーく見ておきなさい。線の流れ、勢い…」

「でも『簡単に分かった』と言うな、見る度ごとに新たな発見があるからなー」でした。

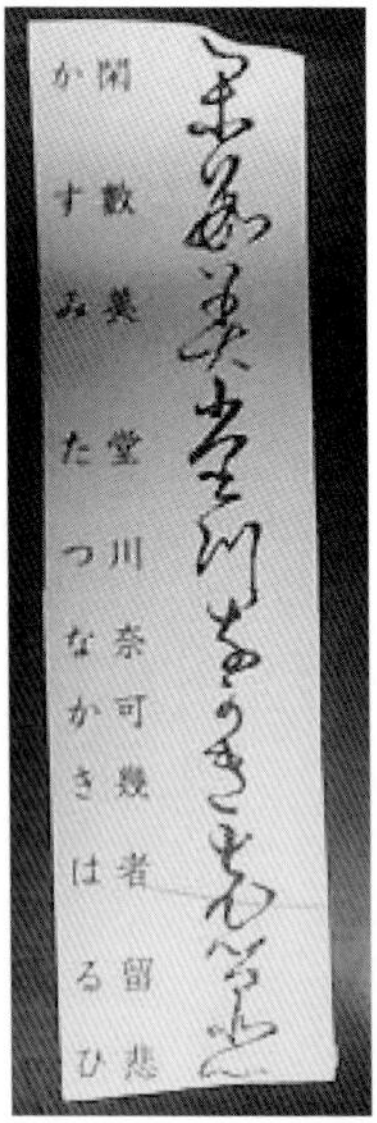

閑数莫堂川奈可幾者留悲
かすみたつなかきはるひ

良寛が書いた文字は、すぐには読めません。写真の右が万葉仮名です。歌は全部このように書いてあります。漢字で書けば、

か＝閑。す＝数。

のように、真ん中の文字になります。それを仮名で表わすと左側になりまして、ようやく濁点の無い文ができます。

分かるように直すと、

霞立つ　長き春日

となるのです。

いつだったか、東郷豊治先生がおいでになって、狐と猿と兎の話を読んでいただきました。万葉仮名で書いてある文章にも関わらず、すらすらと読んでくださいました。

長詩

天雲の向か伏す極み
・・・・・・・・
猿と兎と狐とが　言葉かわして
朝には　野山に遊び夕べには林に帰り
かくしつつ年を経ぬれば
久方の天の命の聞こし召し
偽り真《まこと》しらさむと　旅人となりて
・・・・・・・・・・
うさぎは焔の中に身を投げて
知らぬ旅人に与えけり
・・・・・・・・・
いまし三人の　友だちに
優り劣りを　言わねども
我は兎を　愛しとて
元の姿に　身を為して
骸《むくろ》を抱えて　久方の
天のみ空を　かき分けて
月の宮にぞ葬りける

良寛は子供たちに聞かせる時は涙を流して語ったそうです。が、東郷先生は文字を指でなぞりながら、あの長い話を全部、最後まで読んでくださいました。

私は文字など分かりません。お話が面白くて最後まで聞きいっていました。

聞き終えた時。あぁー俺は教員辞めなきゃー。こんな面倒な勉強は出来ないわって思いました。それでいまやっと「やろう…」と思いたっているのです。

父母の故郷

良寛の父の故郷は今の長岡市、与板町の上町です。新木家の菩提寺、徳昌寺の下です。そこには『橘以南』誕生の地という御影石の四角い碑が高くそびえています。

そこで、一七三六年に新木与五右衛門（俳号白雉）の次男として生まれています。

十九歳の時、出雲崎の山本家に入り、「秀」と結婚し名主を継いでいきます。以南と呼ばれたのは何時からでしょう。

五十一歳で家督を「由之」が継ぎ隠居し、もともと好きだった俳句を続けていきます。

与板の誕生の地には大きな石があって、そこには、次の名句が掘られています。

朝霧に一段ひくし合歓《ねむ》の花

以南の生家　与板町

母「秀」は佐渡相川の生まれで、以南より先に山本家に養女として入った。だから、二人は両養子という事になる。母の資料もありません。

以南の晩年はやや謎に包まれていますが、

天真仏の告げにより、

身を桂川（京都）にすつ

と、言い残し入水自殺をするのです。

話を前に戻しますが、以南と秀の間には良寛を頭に六人の子供がいます。

長女　むら子

一七六〇年から一八二四年

寺泊、廻船問屋外山文左衛門に嫁す

良寛の身の周りの世話をした。

次男　由之

一七六二年から一八三四年

橘屋を継ぎ巣守と称した

訴訟事件に敗れ、所払い処分となる。

晩年与板の松下庵に住み良寛とも交わる。

次女　たか子

一七六九年から一八一二年

出雲崎の高島伊八郎に嫁す

三男　観山

一七七〇年から一八〇〇年

山本家の菩提寺真言宗・円明院の第十世となる。

四男　香

一七七一年から一七九八年

学才は兄弟随一

三女　みか子

一七七七年から一八五二年

出雲崎浄玄寺に嫁し老後剃髪して、

妙現尼と称し、和歌をよくたしなんだ。

良寛誕生

良寛の生年月日は何時なのかは、はっきりしないのです。そんなことはないだろうと言われますが、だれか調べて聞かせてください。

通説、宝暦八年（一七五八年）良寛は出雲崎橘屋の長男として生まれた。父以南二十三歳、母秀二十四歳、幼名を栄蔵という。

今の良寛堂の有るところが橘屋です。当時は今の倍の広さであったといわれています。今の広さになったのも、耐雪佐藤吉太郎の尽力によるものでありました。良寛堂の中には、枕地蔵と歌碑がある。

「いにしへに　かはらぬものは　ありそみと
むかひに見ゆる　さどのしまなり　良寛」

裏に回ると良寛の座像があります。海と佐渡を望み、母の故郷を思い出すことができるように作られています。

五歳の時、弟由之が誕生し、八歳のころ寺子屋（光照寺）に通い、十一歳から、大森子陽塾に入ります。（分水町地蔵堂）。物凄い勉強家で、「四書五経」「文選」「唐詩選」「荘子」「論語」等を習っていました。十八歳、父の名主見習となり、塾を辞めます。

鰈になれなかった栄蔵

しかし、突然、剃髪して禅の修行に入ります。
これにはいろんな説があるようですが、刑場の酷さ無常さが、人生に大きな変化を与えたのです。突然、栄蔵は出雲崎の光照寺に入り坊さん修行に専念するのです。

代官の獄門場跡

一に思う　少年の時
書を読みて空堂に在り
燈火しばしば油を添えども
未だ厭わず冬夜の長きを

良寛が小さかったころを振り返って詠んだ歌ですが、凄い読書家です。

二十二歳の時、一大変化が訪れます。当時、岡山県玉島の円通寺第十世大忍国仙和尚が、しばらく光照寺に滞在しました。良寛は和尚の大徳や学風に引きつけられ、この人こそ生涯の師に相応しいと思ったのでしょう。正式な得度を受け「大愚良寛」を名乗り、良寛が生まれるのです。

昔はよく名前を変えたものです。幼名を「栄蔵」といい、元服した時「文孝」髪を剃った時「良観」、正式に得度式が終わった時から、「良寛」または「沙門良寛」と書いています。

良寛帰郷

円通寺で厳しい修行の末、卒業証書に当たる「印可の偈」を国仙和尚からもらいます。

良や愚の如く、道轉《うた》た寛し
騰々任運　誰か看るを得ん
為に附す　山形爛藤《らんとう》の杖
到る処　壁間午睡の閑

良寛よ、お前は、愚か者の様だが、辿りついた悟道は深くて広い。物に拘らず自然任せ、しかも道心は堅固である。誰もそれに気づいていない。今、印可のしるしに山から杖を切って来た。これを持って明日から旅に出よ。どこで泊ろうが昼寝しようと座禅しようと勝手だが、此の杖だけは立て懸けて置け。

その後「印可の偈」（今で言う卒業証書）と藤の杖を持ち続けていきます。

いよいよ旅を続けて越後に帰ってきます。三十八歳頃です。

還　郷　作
出家離国訪知識
一衣一鉢凡幾春
今日還郷問旧侶
多是北邙山下人

家を出て知識を訪ね、一衣一鉢で幾春たっただろうか。今日帰って昔の友を訪ねたが多くはもう墓の下だ、というのです。

人生短かくてはかないですね。

また、乙子草庵では心境を次のように語っています。有名ですからぜひ覚えてください。

生涯身を立つるに懶《ものう》く
騰々として天真に任す
嚢中《のうちゅう》三升の米　炉辺一束の薪
誰か問わん迷悟の跡
何ぞ知らん名利の塵《ちり》
夜雨草庵の裡《うち》
双脚《そうきゃく》　等間に伸ばす

良寛は「辛苦、虎を画いて猫にもならず」と言っていますが、本当の坊さんにも成れなかったのでしょうか。騰々として天真に任す、でしたね。

良寛様って骨太で身の丈五尺八、九寸、（一七五センチ）位、かなり背は高かったようです。托鉢の時は一日に四里から五里歩いたと言われます。

帰ってから四十歳、五合庵に定住するまでは、郷本の空庵を初め転々と住まいが変わっていました。

出雲崎の町

そして六十歳、乙子神社草庵に移り、島崎に来るのは、文政九年のことです。年は六十九になっていました。

良寛と万葉集

次は万葉の歌です。乙子神社草庵時代に阿部定珍から訳してくれと頼まれた時の話です。

にぎたづに　ふなのりせむと
つきまてば
しおもかなひぬ
いまはこぎいでな

額田王《おおきみ》の歌

勿論、これは全部万葉仮名で書いてありま す。まず、額田の王という人がどんな人で、どんな立場の人か、
にぎたずとは何処か、
何のための船出か、
何処に向かっての船出か、
そういう事が全部分かっていないと訳すわけにはいきません。日本地図、日本の歴史、当時の文化、史実等々。私たちはそれらの事を高校で習いますが、古事記・日本書紀などを駆使して訳したに違いありません。

それも当時、橘千蔭の万葉集略解という本が出たとのことを聞き、与板の大坂屋から借りたりして訳し、朱書きをしています。

皆さんもご存じのように、朝鮮の百済と高句麗とが戦っていて、その応援に船団を組んで塾田津に続々と集まり、サー潮も満ちて来た。いざ漕ぎだそう。という歌であり、額田の王は天皇の后でした。

結果はもうご存じですよね。白村江の戦いで日本軍は大敗し、日本が攻め込まれるというので、九州の太宰府を中心に防衛の陣を敷き、防人の歌ができることになったのです。

これらの事を良寛は全部分かっていたのですから、驚くではありませんか。

良寛の歌が乙子草庵時代に万葉調だといわれました。それは、枕詞や施頭歌が多いからです。施頭歌は文字が五七七五七七です。

やまたずの　むかひのおかに
也萬多川能　武閑比能遠閑耳
　　　　　　さおしかたてり
　　　　　　散遠志可多轉理
かみなづき　しぐれのあめに
可美奈川幾　之具禮能安面爾
　　　　　　ぬれつつたれり
　　　　　　奴禮都都當天理

当時は国上山には野生の鹿がたくさんいました。友だちも無く、時雨の雨に凛として立っている姿を自分の姿ととらえていたのでしょう。

次に、枕詞の使用が多いことです。

良寛は、万葉歌人の家持ですら百に満たないのに、四百五十からの枕詞（あしびきの、ひさかたの等）を使っています。また、「いつ」「どこで」「だれと」「なにしてくらした」を万葉の歌にいれかえている、等。

良寛が万葉に魅かれたのは「素直な心情の表現」に魅かれたからであろうと、思います。すなおで、思いをストレートに表現しています。

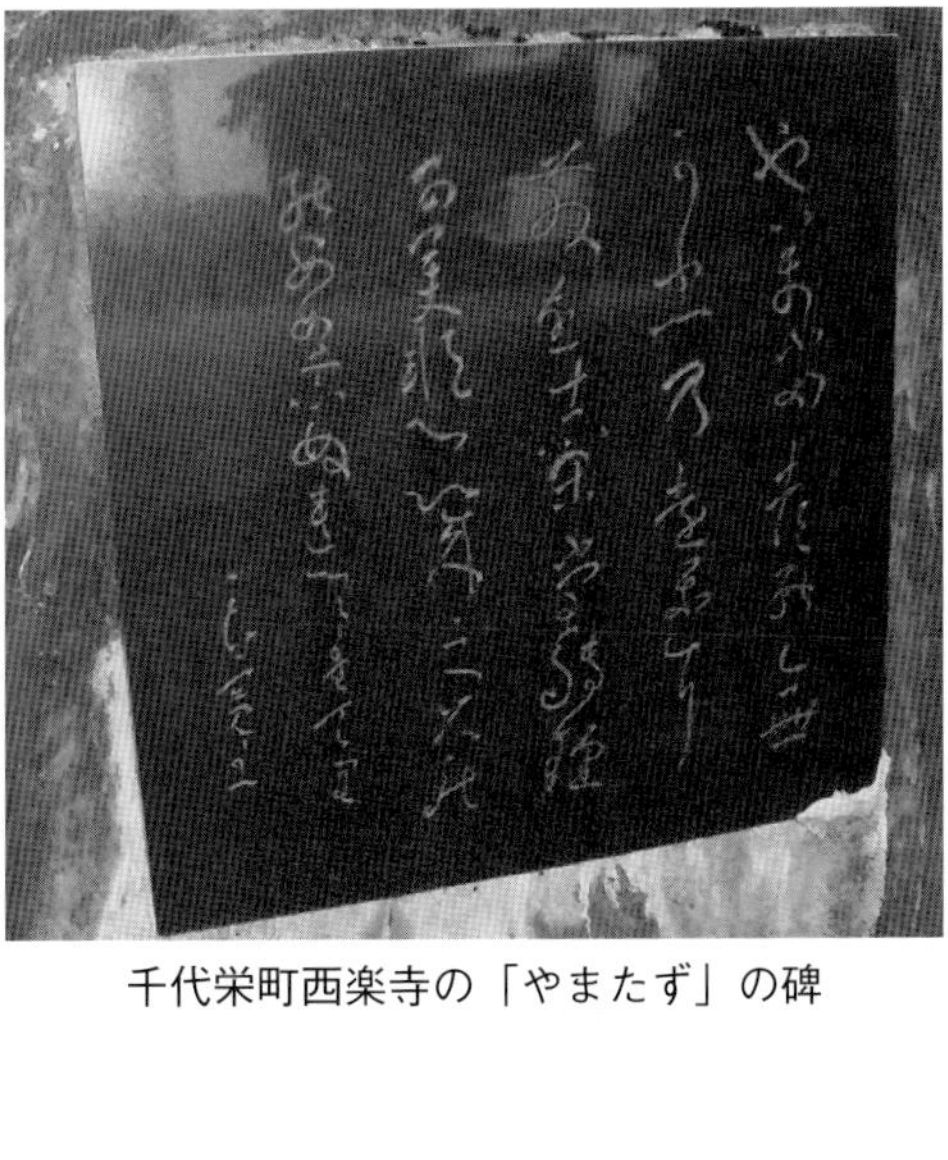
千代栄町西楽寺の「やまたず」の碑

天寒自愛

乙宮《おとみや》の　森の下屋のしづけさに
しばしとてわが杖移しけり

さて、良寛は文化十三年から十年間、乙子草庵に移った。乙宮ってのは、乙子草庵の場所です。

代表的な作を挙げろと言われれば、まず和歌集『ふるさと』でしょう。今までに詠んだ歌で特に、優れたものをまとめたものです。

良寛の書境は一段と多彩な変化と深みを増して円熟した。いわゆる自由で明るい「良寛調」の趣を持ったものになっていくのである。

『ふるさと』には短歌五十一、長歌三、施頭歌八首ある。次は『ふるさと』の中より

岩室を過ぎて
岩室の田中の松を　今日見れば
しぐれの雨に　ぬれつつ立てり

国上にて詠める
来て見ればわが故郷は　荒れにけり
庭もまがきも　落葉のみして

いにしへを思へば　夢かうつつかも
夜はしぐれの　雨を聞きつつ

次は維馨尼宛の手紙である。

維馨尼は得度する前「きし」といった。「きし」は与板の大坂屋の生まれである。大坂屋は越後でも指折りの廻船業で諸藩にも金を貸し付けていました。

君欲求蔵経　君は蔵経を求めんと欲し
遠離故園地　故郷の地を離れ遠くある
吁嗟吾何道　ああ吾は何をせん
天寒自愛　天寒し　自愛せよ
十二月廿五日　良寛

天寒自愛の碑（与板楽山前）

五言詩で始まっているが終わりが四言で終わっています。それがこの詩を引き締めているようです。
「きし」は一度嫁したが、夫と死別。徳昌寺の虎斑《こはん》和尚の法弟となり、維馨尼と言われた。徳昌寺の虎斑和尚は伊勢松阪に大蔵経の有ることを知り、それを購うため浄財を勧進してまわったのです。
そのことに感激した良寛の手紙です。自分は何も出来ないことに対して、いらだっていますね。天寒自愛は手紙末尾に使われます。
維馨尼は貞心尼と違って漢詩の素養がありました。維馨尼は勧進の無理がたたったのか文政五年、五十八歳で亡くなってしまいました。

維馨尼と佐一

次の二行の漢詩も有名です。

春夜二三更　等閒出柴門　微雪覆松杉
孤月上層巒　思人山河遠　含翰思万端

正月十六日夜

春夜二三更《しゅんや に さんこう》
等閒出柴門《とうかんいずさいもん》
微雪覆松杉《びせつおおいしょうさん》
孤月上層巒《こげつのぼるそうらん》
思人山河遠《ひとをおもえばさんがとおく》
含翰思万端《かんをふくんでおもいばんたん》

与板大坂屋
維馨尼老　　良寛

春まだ浅き夜中に
ぶらりと家を出た
松や杉の木は雪に覆われ
半輪の月が山に昇っていた
君は故郷から遠くに在る
筆を取ると想いは万感

良寛が維馨尼にあてた手紙です。漢詩は五言六句である。老とあるのは老人と言う意味でなく「様」と言う意味。

与板徳昌寺の虎斑和尚の悲願である「大蔵経」を求めて、維馨尼は資金調達のために江戸に行って頑張っている。その志を高く評価して「人を思えば山河遠く」「万感の思いで筆舌では言い表せない」と言っているのです。

佐一と、維馨尼は兄弟のように思われがちですが、そうではありません。

三輪家の六代目の「長高」の弟が佐一で少年時代の子陽塾の良寛と学友です。

七代目の「長泰」の妹が「きし」であり、その子供が山田杜皐です。

法友三輪佐一も亡くなりました。佐一は子陽塾時代からの友達であり、良き理解者でありました。

佐一を偲ぶ看板

佐一の順世を聞く
微雨　空濛たり　芒種の節
故人　我を捨てて何処にか行けり
寂寥に堪へず　即ち尋ね行けば
万朶の青山杜鵑鳴く

そぼ降る雨、もやのかかった空、端午の節句、今は亡き人は私を捨てて何処に行った。寂しさに堪えかね君を訪ねていけば、緑に囲まれた山々には、ホトトギスの声だけが聞こえてくる。

良寛は坊さんですから人の死に沢山関わって来たでしょうが、やるせなさはどうすることも出来なかったでしょう。

左が維馨尼、右が佐一の墓（徳昌寺）

五年五カ月　五五二十五両

そう言えば、私が木村家に下宿させてもらったご主人がよーく言っていなさった言葉に、良寛様のものを見て「簡単に分かった」なんて言うな、見るたびに新しい発見があるからなー。と、

この里に手まりつきつつ子供らと
遊ぶ春日は暮れずともよし

何とのどかな歌ではありませんか。これは蒲原地方で作られた歌です。

昨日まで一緒に毬をついたり、かくれんぼをして楽しく遊んだ子供が今日はいない。どうしたのかって尋ねても、知らないと言う。

大河津分水ができる前は、毎年のように信濃川が氾濫して、家が流され、人が死に、年貢の米が納められない。「泣く子と地頭には勝てない」の例え通り。お百性さんは、我が子を間引いたり、子供を女衒《ぜげん》に売り、年期奉公に出すのです。その奉公の期間が五年五カ月だというのですが、何だかんだと利子がついて結局は一生働かされて死んでいってしまうのです。

そんな人たちの墓が群馬県の木崎にたくさん残っていますが、その多くが蒲原出身だそうです。

口説　木崎節（八木節の元）
蒲原郡柏崎在で
小名を申せば　あかざの村よ
雨が三年　日照りが四年
都合合わせて　七年困窮
新発田様への　年貢に迫り
姉を売ろうか　妹を売ろうか
五年五カ月五五二十五両で…
明日は売られて行く身のつらさ…

この文句が群馬の木崎音頭を歌う地方に残っ

ています。

年期奉公が五年五カ月、その身売りのお金が二十五両（今のお金で、一両が十五万円）というのです。

五年五カ月　五五二十五両…

此の事を頭に入れて歌ってみてください。

この里に手まりつきつつ子供らと

遊ぶ春日は暮れずともよし

曹洞宗の修行の根本は三つだそうです。

一、「山中独居《さんちゅうどっきょ》」といって、山の中で一人で暮らすこと。

二、「只管打座《しかんたざ》」といって、心に現れる欲望を消すため、ただただ座禅すること。

三、「托鉢行脚《たくはつあんぎゃ》」といって、器を持って家々を回り、お米やお金を与えてもらい、その代わりに、それとなく仏の教えを広めていくことです。

子どもと遊ぶ良寛（出雲崎）

良寛は全国を行脚しています。群馬で木崎節を聞いたかもしれませんね。

見渡せば…

常在戦場で、はたまた、米百俵で名高い長岡藩は文武の盛んな所でした。文政二年七月十五日。良寛が、乙子神社草庵時代に長岡藩主牧野忠精《ただきよ》が五合庵を訪れました。忠精は、

「長岡の町に住んでいただきたい。そして長岡では文武の人材育成に力を入れているんだが学問の方に力を貸していただけないかね。住む家も用意します。時には、私にも、漢詩や和歌などの話を聞かしてほしいし、どうか長岡に来てほしい」

と、頼みました。長岡藩主でもありましたが徳川幕府の老中と言う要職にもあった方の頼みでもあります。

国上はもともと新発田藩の支配下です。藩主から良寛様を長岡にほしいと内諾を得て、今日にでも連れて行きたいと考えていました。

良寛は目を閉じ、じっと考えました。道者とは、

仙桂和尚は真の道者
貌は古にして言は朴《ぼく》なる容
三十年国仙の会に在りて
禅に参ぜず経を読まず
宗文の一句も道《い》はず
園蔬を作りて大衆に供養す
当時我之を
見るべくして見ず
之に遇いて遇わず
吁呼《ああ》今之に放《なら》わんとするも
得べからず
仙桂和尚は真の道者

死して髑髏となりても、「山中独居」を貫き通そうか。

兄弟子仙桂和尚のように経も詠まず、座禅も

せず、ただ黙々と皆の為、農業に精を出し野菜を供す。此れも修行だ。

それとも、殿様があぁ言ってくださるんだ、こんな機会はもう無いだろう…。

春は花夏ほととぎす、秋は月
冬雪さえて涼しかりけり（道元）

あるがままの姿を愛す。これしかない良寛は黙って一句差し出しました。

焚くほどは
風が持て来る落ち葉かな（良寛）

今の生活で十分。食べるくらいは風が運んでくれます。（碑が五合庵にありますね）

これを読んだ藩主忠精は、これ以上言っても無駄だなと思い、

「身体をいといなさいよ」

と言って山を下りられたそうです。

あとで次の句を作っています。

見渡せば
やまばかりなる五合庵（忠精）

五合庵の原型（出雲崎町・耐雪庵）

僧伽とは①

島崎の隆泉寺に良寛のお墓があります。そこには僧伽の心得が書いてあります。

僧伽

落髪して、僧伽となり
食を乞うて聊《いささ》か素（仏道）を養う
自ら見ること已に斯くの如し
如何ぞ省悟（反省）せざらん
我　出家の児を見るに
昼夜　みだりに喚呼する
ただ　口腹（食べる）の為の故に
一生　外辺（仏道以外）を走らす
白衣（在家）の　道心無きは
猶尚（まだ）　是を許すべし
出家の道心無きは
その汚や　之を如何せん
髪は　三界の愛（愛欲）を断ち
衣は　有相の句（世相関係）を破る
恩を棄て　無為に入るは
是　等閑の作（いいかげん）に非ず
我　彼の朝野（世間）を行くに
士女（皆が）　おのおの作《な》す有り
織らずんば　何を以ってか着る
耕さずんば　何を以って哺わん
今　釈氏の子と称し
行も無く　亦悟も無し
いたずらに　檀越（信者）の施を費やし
三業（仏の教え）　相顧《かえり》見ず
首を集めて大話を打つ
因循旦暮（昔のまま反省なく）を度る
外面は殊勝を逞しうして
他の田野の媼を迷わす
謂《い》う　我好箇手（やりて）なりと
ああ何れの日にか覚めん
例い乳虎（子連れ虎）の隊に入るも
名利（名誉や利益）の路を踏むこと勿れ

名利僅かに心に入らば
海水も亦　注ぎ難し
阿爺（親達）汝を度せし（出家せし）より
暁夜（朝晩）何の作《な》す処ぞ
香を焚いて神仏に請い
永く道心の固きを願えり
汝が今日の如きに似なば

徳昌寺門前

即ち抵悟《ていご》せざるなからん
（親の心と食い違うではないか）
三界（世は）は客舎（宿屋）の如く
人命は朝露に似たり（はかない）
好時は常に失いやすく
正法も亦遇い難し
すべからく精彩（積極的に）をつけて
好かるべし
手を変え（人々が）呼ぶを待つこと勿れ
今我苦口（苦しい事）に説くも
ついに　好心の作に非ず（思いつき）
今よりつらつら思量し
汝が　その度をあらたむべし
勉めよ哉後世の子
自ら苦怖（恐れ）を　残すなかれ

これほど厳しい批判・実践があろうか。一番怖い、例え乳虎の穴に落ちようとも、名利をうけてはいけない。

僧伽とは②

すごいですねー。泣いて訴えていますね。

正々堂々と自分が僧侶で在りながら僧侶の批判をする。詩を作って天下に公表するんですから…。

しかも後ろ指さされない。自他共に認める仏道修行者ですから、今の僧侶は「何だ、なってないじゃないか」、と退廃ぶりを批判。それができたんですね。


髪をおろして僧伽になったからには、施を受け、本来の仏道心を養うべきだ。この厳しさを考えれば、反省・自覚しないではいられない。出家したばかりの者は、大きな声で説教ばかり、ただ、腹を満たすだけ。出家の身で仏道心の無いのはどうしたらいいのだ。髪はこの世の愛欲を断ち、衣は世間の関わりを断った。これは、いい加減なものでは無い。親兄弟の恩を棄て、仏門に入ったのだ。

男も女もすることがある。もし布を織る者がいなければ着物が着れない。耕す者がいなければ食べ物が無いではないか。

釈迦の弟子と言っている者が仏道の修行もせず、物事の在り方も極めないで、ただ、信者の施しを無駄にして、仏の三つの教えの戒めも心に留めず。集まっては思いあがった話ばかり、普通りの日々を送っている。うわべは悟りを得たような顔で老夫婦をだまし、我こそはやり手だとうぬぼれている。いつ目覚めるんだ。

例え子連れの虎の群れに入ろうとも僧侶は名誉や利益の慾心に携わってはならない。そんな心が僅かでも生じたら、海水を全部つぎ込んで洗っても洗い流せない。

お前の親はお前が出家してからは、毎日仏に手を合わせ仏道への心が緩まないよう祈っているんだ。

この世は仮の宿だ。人の命ははかない。修行する時期は失いやすく、仏の教えもたやすくは出逢え無い。だから、進んで修行しようとする心を身につけなさい。人を頼ってはいけない。

今こう言っているのは、思いつきや、もの好きで言っているのではない。

今から、よーく考え、心がけを改めなさい。懸命に修行に励みなさい。おじけ、おののいてはならないぞ。

良寛は之を実践していたから、殿様の頼みも躊躇なく断られたんですね。修行とは、かくも厳しいものだったんですね。

良寛はお坊さんに言っているんでしょうが、私が言われているようで、書いている自分が恥ずかしくて、ならなかった。自分の職業と僧伽を考えあわせたいものですね。

托鉢の良寛像

山中侘び住まい

「良寛様の徳を慕って是非お世話したいという人がおられますのですが…」
「薪や水を運ぶにも、大変でしょうから…」
との法弟の遍澄の言葉に良寛が、

「此の処長雨のために歌を詠んだが、少し弱気になったように思われたかのう」

長月（九月）の初めつ方　心地悪しくて庵に籠りたりけるに　風のいとふ吹きて　三日三夜さ止まざりければ　心やり（気晴らし）に詠める、

憂《う》き我をいかにせよとて
秋風の　吹きこそまされ
止むとはなしに

気分が悪い私を、秋風がどのようにさせようと思って吹いているのか知らないが、ますます強く吹いて止みそうにない、冷たさが身にしみる。

むらぎもの（心の枕詞）心さへにぞ
失せにける　夜昼いはず
風のふければ

草や木に何処かに飛んで行けとばかりに、昼となく夜となく止むことなしに吹いているが、心さえもどうかなりそうだ。

しかりとて　誰に訴へむ
よしもなし　風の吹くのみ
夜昼聞きつつ

そうかといって誰に訴えたらいいのだ。この秋風が、夜となく昼となくわびしく吹くばかりで、つらいなー。山中独居、よほど秋風が応えたようです。

遍澄の墓（島崎）

「秋風の吹きこそまされ」「心さへ失せる」「誰に訴えてよいか」などを見る限り、山の中の一人住まいは、わびしさをどうする事もできなかったのですね。

「良寛様、山を下りましょう。今後一人住まいでは私が心配です。島崎に行きましょう。明日もう一度言って確認してきますから」

「木村家は浄土真宗ですが、良寛様に前々から来ていただきたいと言っておられましたので、お願いしてみます」

かいがいしく世話をする遍澄でした。

遍澄の出身は島崎です。同じ村の妙徳寺で修行をしていました。十八歳頃、良寛の徳を慕っており、五合庵にいた頃、法弟となりました。

このころは地蔵堂至誠庵に住んでいました。そして、時々良寛の身の周りの世話をしていました。

地蔵堂から乙子草庵まで一里、地蔵堂から島崎までは約四里の道のり、遍澄はそこの木村家へ出かけるのです。

文政九年の九月下旬の事でした。

山を下りる

良寛が山を下りる決心をしたのは、前項の三日三晩の大風の時に詠んだ歌に心情が託されているようです。

もうひとつは、遍澄の熱心な勧めによるものだと思います。

「良寛様。木村家では、快くお待ち申し上げております、ですって」

「では、これから行くとするか」

「良寛様。これからじゃあ、夜になってしまいますから、明日にしましょう」

二十年も住んだ国上。山中独居に心身を置いて、その静寂の中に仏に出逢う、という生活が今終わろうとしています。今度は人の裏屋に住むことになるのです。

山を下りる時、次のように詠んでいます。

あしびきの（山の枕詞）
国上の山の　やまかげの
森の下屋に年重ね
わが住みにしを
唐衣（立つの枕詞）

乙子神社草庵

たちてしくれば
夏草の思ひしなへて
夕星《つづ》の（枕詞）か行きかく行き
その庵のい隠るるまでの
その森の見えずなるまで
玉鉾の（道の枕詞）
道のくまごとくまもおちず
かへり見ぞする　その山の辺を

意味は大体おわかりでしょうね。くまも＝曲がり角も、懐かしみ、別れを惜しむように振り返って見ていました。

――草庵での詩歌――
やまたづのむかひの丘にさ男鹿立てり
神無月しぐれの雨に濡れつつ立てり

この宮の森の木下に子供らと
遊ぶ春日は暮れずともよし

生涯懶立身　騰騰任天真
嚢中三升米　炉辺一束薪
誰問迷悟跡　何知名利塵
夜雨草庵裏　雙脚等閑伸

―――

「木村様。良寛様をお連れしました」
「ええ、昨日の今日だから、掃除がまだ…母屋に住んでいただきたいのですが」
「いいや、わしは一人遊びが好きだでのう。薪小屋が空いているじゃないか。此処を貸してもらおう」

実は、山を下りるってことは、山中独居の修行を止めるという事であり、良寛にとっては、大変革な出来事だったのです。

乙子神社草庵時代の書は力強く元気、歌や詩に至っては良寛独特の作品に目覚めた時代といったところでしょう。

山を下りる、この日は十月一日だったという。

島崎近況

当時の島崎は、島崎川を挟んで上町と下町に分かれていました。

島崎川は、写真の奥の橋が十二間（二十三メートル）だといわれていました。その橋から右手が（写真の）はちすば通りです

上町は今の「はちすば通り」の側です。木村家や隆泉寺や出田神社や妙徳寺などがあります。当時幕府の直轄地でした。

木村家は島崎川を渡るとすぐで、「はちすば通り」の右側です。明治戊辰の戦いで蔵を残してすっかり焼けてしまいました。その後建てられ現在に至っています。

良寛の住んでいた草庵も戊辰の戦いで焼けてしまいました。残念ですね。

和島村史によれば草庵には、流しと囲炉裏と八畳の部屋があって、後からもう一部屋増築されたようです。

今は碑だけが残っています。

島崎の船着場跡

良寛は島崎に来て、まずお世話になった方に手紙を出してます。

此処に表装してない一通の手紙があります。普通は後から表装するため宛名の部分が切り取られて反対に貼りなおすのです。これはそうしてない珍しい手紙です。それと同時に移住したころを示す証拠でもあります。

昔は紙が無かったから、よほどのことがない限り、封筒は使わなかったのです。

渡部の阿部定珍老に宛てた手紙です。


（この文字が反対）

定珍老　良寛

野僧も此冬島崎
にて冬こ毛里
致ゝ一寸御志羅
世申上ゝ
十月九日

野僧も此の冬島崎にて冬ごもりいたし候。ちょっとお知らせ申し上げ候。良寛は「候」を「ゝ」点で書いています。

さて、島崎に来て、まず環境の変化に驚いたであろう。木村家草庵（薪小屋）は塀の中です。おーいと言えばすぐに誰かがやって来て、日常の事はやってくれる。

塀の周りは人家、といっても農家。木村家から一軒左は島崎川の船着き場。ひどい時には、一日中積荷の掛け声。

その上手には、十二間もある、下街を結ぶ木造大橋、からころと下駄の音。斜め一軒前は、桑原お医者さん。斜め一軒裏は、お寺の隆泉寺様。しょっちゅう人の声がします。

うつしみの

山の中の一人住まいから、すっかり環境の違う賑やかな町中に住むようになったのです。野中の一軒家ではありません。人の声で目を覚ますのですから、随分面食らったことでしょう。

うつしみの
人の裏屋に宿借りて
ひと日ふた日と　日を送りつつ

うつしみのは、人にかかる枕詞です。人の裏屋とは木村家草庵のことです。ぶらぶらとして、一日、二日と暮らしています。

移って来て間もないころの心境報告といったところの歌ですね。最後の「つつ」何とも言えない感情をあらわしています。

諏訪神社前から見るはちすば通り

この場合の「つつ」は詠嘆の「つつ」です。良寛は一日、一日を、本当に感慨ぶかく送ったのでしょう。だって、色街も近く、人の声や三味線の音が、ともすると夜中まで聞こえたのですから。

それに、今までの環境とまったく違って、老いのことや、終の棲家や暮らしのことまでも想像したのでしょう。

「つつ」が何ともいえず詠み手にまで深い感動を与えます。

良寛は短歌、長歌など、生涯で千四百首ほど作っていますが、その一割以上の百八十首はこの島崎時代に作っています。しかも、万葉調だと言われた乙子草庵時代から変わって、枕詞が多くなってきましたが、良寛独自の歌になってきました。良寛独自の芸術の完成を見るに至るのです。

貞心尼の言葉にあるように、

「その歌のさま自ずから，古への手ぶりにて、姿言葉もたくみならねど、たけたかくしらべなだらかに」

と言わしめています。たけたかく、調べなだらかというから、格調が高くしかも、典雅であると言うのです。

良寛の歌には、喜び・悲しみ・痛み・苦しみなどがありますが、それらが良寛一人にとどまらず、読む人々に伝わって共感を呼びおこしています。それは、人間への深い洞察があり、愛情があるからでしょう。次の項では、里人への心情が望めます。

十一代元右衛門

貞心尼の『蓮の露』に、

島崎の里なる木村何がしといふ者、かの道徳をしたひて親しく参りかよひけるがよはひたけ給ひて（歳とられて）かかる山かげに、ただひとり物し給ふ事のいとおぼつかなうおもひたまへらるるを、よそに見過しまゐらせむもこころくるしければ、おのが家のかたへにいささかなる庵のあきたるが侍ればかしこにわたり給ひてむや、よろづは己が元より物し奉らん、とそそのかし、参らするにいかがおぼしけむ　稲ふねのいなとものたまはずそこにうつろひ…

と、その時の様子が述べている。

（大意は分かりますね）

木村家は、慶長五年（一六〇〇年）能登の上戸《かんべ》から西本願寺派の浄土真宗隆泉寺と共に島崎に移住して来た。能登から来たと言うので、屋号を能登屋と言った。元右衛門を代々襲名して来ており、良寛が越して来た時の当主は十一代元右衛門（利蔵）と言ったが、代々菩提寺、隆泉寺の熱心な信者であり、寄進を行ってきています。

十代元右衛門（造吉）が亡くなったのは、四十七歳で、長男の周蔵（後の十二代）十二歳、おりい八歳、又三郎三歳、茂兵衛二歳と子供は皆若かったので、造吉の弟の利蔵が十一代の当主となった。

十一代利蔵は、兄と同じように、「仏様のお陰です、南無阿弥陀仏、法事・月忌を忘れず御礼・報謝・寄進を忘れずに生きる」をモットーにした人です。

十代が亡くなる時、十一代に引き継いだ「一切経の寄進」で良寛が感銘を受け、その碑文を書いたのは有名な話であるが、後で詳しく述べることにする。

十一代利蔵は温厚徳実、兄に劣らぬ隆泉寺の信奉者であった。

家業は、田畑山林を持ち、味噌・醤油を作り、質業を営み、店（タバコ、こぬか、等）を営む総合業であった。

また、代々の浄土真宗の信仰者でもあったので、良寛の徳を慕って老齢の良寛を世話したいとかねがね思っていたのです。そこへ遍澄からの話があったものですから大変な喜びようでした。

遍澄は、この島崎の鍛冶屋早川甚五右衛門の長男として生まれたが、後に良寛の法弟となり仏道と詩歌を学んでいます。

写真の賛には、次のように書いてあります。

ゆくあきのあはれを
たれにかたらまし
あかさこにいれ
かへるゆうくれ

山を下りたばかりの良寛の心境。

足びきのみやまを出でて　空蝉の
人のうらやに　住むとこそすれ
しかりとて　術のなければ　いまさらに
なれぬよすがに　ひを送りつつ

遍澄筆の良寛像に
良寛の賛

老のよすが

今なら良寛が乙子神社草庵を引っ越すようなことがあれば、電話やメールがあり、引っ越しも直ぐ知れ、すれ違いもなかったろうに…、

ちょっと戻って由之について述べておこう。由之は良寛の弟で、号を「すもり」と言う。出雲崎の橘屋を兄良寛が出家したので、十六歳で橘屋を継いだ。本名は新左衛門泰儀である。由之と言ったのは、剃髪し、出家してからの名で、国学、和歌、俳諧、書画に優れ、由之宗匠とも呼ばれた。

四十二歳の時、出雲崎町民との裁判に敗れ、家財没収となり、所払いとなり、放浪の身となってしまいました。

そこから全国行脚が始まった。松島、東北、北海道。西は北陸、京、吉野にまで行脚してました。

文政八年頃から、与板の叔母の屋敷に庵を結んでいました。

由之庵跡（与板町）

良寛の引っ越した後で弟の由之が、良寛を見舞っています。その時の様子を、次のように残しています。

禅師の君問ひ（訪問）まつる時、
国上山を見上げると
そろそろ山は色づき始めていた

君が山は
やや色づきぬ　この頃の
しぐれの雨や　わきて染めけり

と。

良寛が見えなかったので隣家に歌と好物のザクロを置いて帰っています。

禅師の君、常にザクロを好みたまへれば、家の初なり奉らむと、持てもうでこしかひもなければとて…

ふるさとの
初穂（初なり）の木の実、きこしめせ　よし
やくろみて　色かわるとも

由之の温かい心が読み取れます。

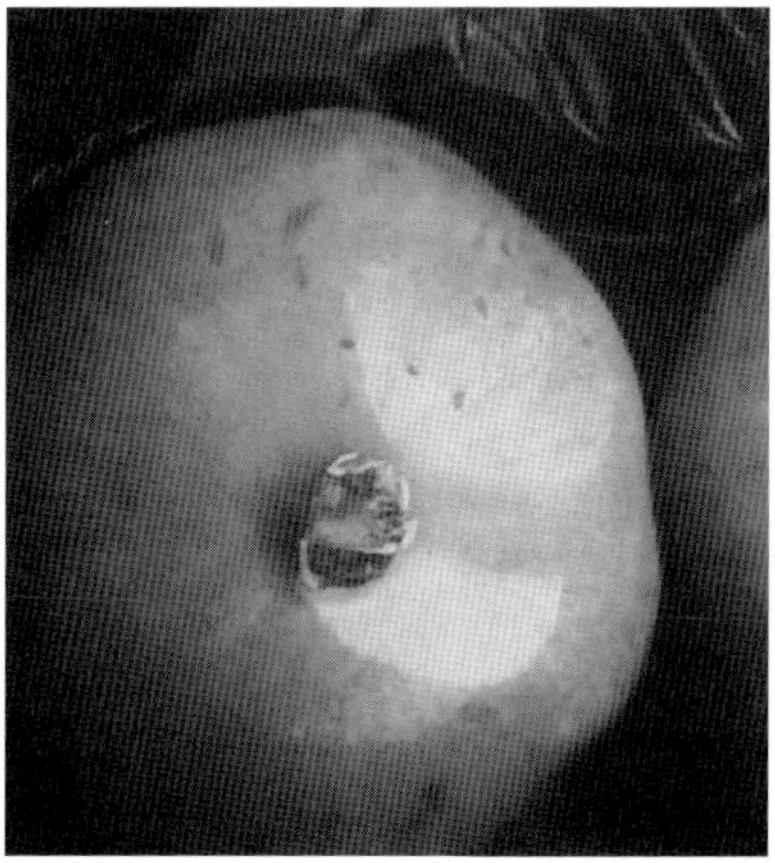

ざくろの実

この事を良寛は後から知って、由之に手紙を書いています。十二月六日付けですが、由之が乙子草庵を見舞ったのは、十月の十三日前後のようです。

由之の訪問

後で良寛は、由之が草庵を手土産まで持って、しかも険しい山道をはるばる訪ねてくれた事を知り手紙を出しました。
手紙は万葉仮名で書かれていますが、歌の形式で書きました。

（本文）
おひのみの
おひのよすがを
とむらふと
なずさへけらし
そのやまみちを
あしびきの
やまの紅葉は
さすたけの
きみにはみせつ

（訳）
老人の身で
老人の私の草庵を
訪ねてくれて
大変だったろう
あの山道が
〈山の枕詞〉
山の紅葉が
〈君の枕詞〉
見たでしょうから

ちらばこそちれ
もたらしの
そのふのこのみ
めずらしみ
みよのほとけに
はつたてまつる

散ってもかまわない
持って来てくれた
庭の木の実
珍しかったので
三世の仏に
お供えしました

山のもみぢ

いかにして
きみいますらむ
このごろの
ゆきげのかぜの
ひびにさむきに

どうして
貴方はいますか
この頃は
雪消の風が
日々に寒くなってるが

人　里

あしびきの
みやまをいでて
うつせみの
ひとのうらやに
すむとこそすれ

〈山の枕詞〉
山を出て
〈人の枕詞〉
人の家の裏の小屋に
住むことになった

しかりとて
すべのなければ
いまさらに
なれぬよすがに
日をおくりつつ

そうだからといって
手だてがないので
今更
なれない所で
過ごしています

十二月六日
　良寛
由之老

十二月六日
　良寛
由之老（様）

弟由之への愛情、老境、がひしひしと伝わってきます。

人のうらや――庵室

良寛の住んだ「うらや」と言われる庵室はどんなものでしょう。残念ながら、戊辰戦争で焼けてしまいました。

庵室の前には井戸があり、窓際には大きな芭蕉の木があったそうです。

芭　蕉

さて、弟の由之は手紙をもらうとすぐに返事を書いていますが、島崎への移住は地蔵堂で知ったことになります。


ますます御機嫌よくおわしまし候や。それへ移らせ候事は、地蔵堂にて承り、よろこびながら即ち参上仕りべくと存じそうらえども、夏戸の堤、ことのほか道わろきよし、それにおそれ与板より申すべくと存じ川口の寺に泊り候処、勝手をしらず、小便に起き、縁をふみはづし、足を痛め、ここもとに籠り居り候。此のほどはおおかたよろしく候えども、いまだ参上仕るほどにはなりかね候。

もはや雪も降り道もあしく候へば、春ならでごきげんもうかがい申すべくすべ無く候。何か御不自由の事のみにおわしまさんとご案じ申し上げ候。何なりとも左門方へ仰せつかわさるべく候。わたくしは大坂屋にやしなわれおり候へば、少しも不足の事御座無く候まま、ご案じ被下候。今日はよき便りを得、ちょっと奉伺候。
恐々

十二月六日

こころには
おもふ物から老いらくの
自ずからなる　怠りぞうき

良寛様　　由之

弟の由之にまで黙ってまで島崎に移ったのは
なぜでしょう。

良寛が阿部定珍に宛てて年の暮れ十二月
二十五日に出した礼状には、

如仰《おおせのごとく》　此冬は島崎能登屋のうらに住居
仕《つかまつり》候、信に狭くて暮らし難候、暖気成候ハ
バ又何方へもまいるへく候、酒、煙草、菜、恭
しく納受仕候。

早々以上
しはす二十五日　良寛

定珍老

確かに「狭くて…」とあり、何処かに越した
く思っていたのであろうか。
活動範囲が狭いという意味にとらえた方が良
いのであろうか。何もせずとも能登屋さんが全
部してくれるから…。
歌を詠み、詩を賦し、「只管打座」三昧の身
分になったのに…。

寺泊の照明寺

良寛は文政十年の正月は木村家草庵で迎えたようであるが、さだかではない。

三月には寺泊の密蔵院に移っていたのですが、いつ照明寺に移ったのかが、はっきりしません。

密蔵院からの手紙があります。

先日は久々にて御尊顔を得　大慶に奉存候。
然《しからば》　者はだぎを失念致候よふに覚候　もし有之候はば此の者に持たせ度被遺候　以上

三月下旬
桑原祐雪老　　　良寛
従《より》寺泊

桑原祐雪は島崎の木村家の筋向いに在って島崎川のほとり。代々お医者さんでした。昔ですから、外科も内科もやっていましたが、「アイス」と言う傷薬が有名だったそうです。

手紙では久しぶりの診察で肌着を脱ぎ忘れて来たのでしょう。

この手紙が三月下旬ですから、二月下旬ごろには、もう密蔵院に移ったのでしょう。

寺泊照明寺境内

なぜ密蔵院で暮らそうと思ったのでしょうね。次の歌がヒントになるでしょうか。

「おほとのの」碑

境内に在る右の碑には、
寺泊におりしとき時読めるとして、

おほとのの
はやしのもとを
きよめつつ
きのふもけふも
くらしつるかも

大殿とは、お寺、またはお御堂のことで、その周りのみ林を履き清めながら、昨日も今日も暮らしています。と、読まれています。良寛さんは、自分から進んでやる仕事が見つかってホッとしていなさるのでしょうか、漢詩で次のように残されています。

観音堂側仮草庵　観音堂側草庵で
緑樹千章独相親　み林に独り親しみ
時著衣鉢下市朝　時々町で托鉢し
展転飲食供此身　吾は飲食をする

とでもいうのでしょうか。

密蔵院へ移り候

さてここに、密蔵院での生活の一端を示す句碑が寺泊の照明寺にあります。定珍老に宛てた手紙です。

僧も此夏は密蔵院へ移り候
観音堂のもり致し　飯は照明寺にて食べ候
一すお知らせ申し上げ候　以上

卜居観音側　灑掃送余生
忽聴斉時板　得々持鉢行
定珍老　良寛

良寛が得々としてご飯に臨んでいる様子をうかがい知ることができます。良寛の友人では定珍老ほどの外護者はいませんでした。そこでまず知らせておこうと近況を報告したのでしょう。

このころに（密蔵院）詠んだ歌を記します。何か普通の老人と変わりのない、死の迎え方のようです。

僧もこの夏…

山陰の荒磯の波の立ちかへり
見れども飽かぬこれの美《み》林

おほ殿の　おほ殿の
殿のみ前のみ林は幾代経ぬらむ
ちはやふる　神さびにけり
そのもとに　いほりを占めて
朝には　い行きもとほり
夕べには其処に出で立ち
立ちて居て見れども飽かぬ
これのみ林

夜明くれば森の下庵からす鳴く
今日も浮世の人の数かも

おお殿の森の下庵夜明くれば
からす鳴くなり朝清めせん

うちわびて草の庵を出て見れば
をちの山辺は雲居たなびく

ひめもすに　よもすがらなす
のりのみち　うきよのたみに
ゑしてむかはむ　良寛

「ひめもす」の碑

夜も昼も仏法を皆の為に回向して回りたいものだ。という意味でしょうか。穏やかな心境が伝わってきます。

おちこちに虫の声

良寛は寺泊の密蔵院で約半年の間、穏やかな生活を送ったようです。

庵室跡の碑

木の間より角田の沖を見渡せば
海女の焚く火の見え隠れつつ

幾たびか草の庵をうち出でて
あまつみ空を眺めつるかも

山影の木の下庵に宿借りて
語り果てねば夜ぞ更けにける

草の庵に立ち居てみてもすべぞなき
海女の刈る藻の思ひ乱れて

この夕べをちこち虫の音すなり
秋は近くもなりにけらしも

秋風とともに、島崎のことを考えられたのであろうか。

ついでですので、寺泊に入られたころの歌を二、三挙げてみよう。

昔の友達（原田鵲斉）を訪ねたときに詠めると題し、次の歌があるが、これは地蔵堂の大庄屋の「正誠」が妻の亡くなって詠んだものです。

何事もみな昔とぞ　なりにける

花に涙を　そそぐけふかも
いかなるやことのあればか吾《わぎ》妹《も》子《こ》が
あまたの子らを　置きて往《い》につる

弱者には涙以外に救う手立てはなかったのです。また、地蔵堂の竹が花の竹丘老（国学者）を訪ねて、

訪竹丘老人
故旧信難忘
田家聊寄錫
緑樹烟雨中
慾燃赤芍薬

故旧、昔なじみが忘れられず、田舎の家に一寸寄った。霧雨に濡れた木々の緑の中で、赤い芍薬が燃えるように鮮やかだった。

次の碑は密蔵院に来た文政十年二月ころの句と、半年ほどたって帰ろうとする八月ころの作であろう。

おほ殿の林の元に庵しめぬ
何か此の世に思ひ残さむ

えにしあらば　またもすみなむ
大殿の森の下庵　いたく荒らすな

上は「おほとの」下は「えにし」碑

即身仏

時に漢詩を味わってみたい。

大悲閣四題

時登大悲閣　ある時大悲閣に登った
極目望雲烟　じっと雲を見上げた
松柏千齢外　何千年も続く松林
清風万古伝　清風が何時までも続いてる

四序鳥相和　鳥たちは仲良く
冷泉長潺湲《せんかん》　泉が音を立てて流れ
誰能出塵累　人ごみを抜け出し
逍遥碧山巓　遥か山の頂を望まん

我上大悲閣　我、大悲閣に登り
支頤眺雲烟　顔をあげ雲を見れば
長松何落落　松林が連なり
清風万古伝　清風が昔ながらに続く

下有龍王水　霊験な龍王水が下に
徹底浄無痕　濁り無き清んだ水
為報往来者　人々の喉を潤し
茲来照心顔　茲に心顔を照らせ

一題目は何と雄大な景観でしょう。風は穏やかで、松林は何千年も続き果てしなき。

二題目は四序ですから色んな鳥が仲良く飛び回り、清らかな水は音を立ててながれ、こんな時は人ごみを避け遥か山の峰を望みたいものだ。

三題目は一題目とどう違うか考えてみよう。四題目は最後の心顔を照らせと言っています。

実に雄大ですね。声に出して味わってください。自己流で構いません。段々と意、自ずから通ず。

もう一つ野積の西照寺にある詩。

弘智法印像

題弘智法印像（野積）
鄰皴烏藤朽夜雨
襤衫袈裟化暁烟
誰知此老真面目
画図松風千古伝

鄰皴《りんしゅん》（ごつごつした）藤杖は夜雨に朽ち果て襤衫《らんさん》（立派な）たる袈裟は暁の烟《けむり》に（ぼろぼろ）化したが、誰が此の老僧の真面目（理想）を知るだろう。画に描いた松風の歌、

岩坂の主は誰ぞと人問はば
墨絵に描きし松風の音

の中に在りと。時を越えて伝わっている。

弘智法印は仏になる前、最後には木の実を食べ、生きながら、座したまま死んだのです。そして、座したままの姿を崩さず、即身仏になって、人々を守っていらっしゃるのです。

即身仏（ミイラの仏様）

遺《ゆい》偈《げ》

禅僧は十年ごとに遺偈をそれとなく残すと言う。詩興を味わってください。

七十歳の頃

草庵雪夜作
回首七十有余年
人間是非飽看破
往来跡幽深夜雪
一炷《しゅ》線香古窓下

振り返れば、七十年余りが過ぎた。人々の価値判断にも飽きた。行き来する道の跡も、雪で見えなくなってきた。一本の線香だけが、古窓の窓辺でゆらめいている、と雪の降る夜に述べています。

仏様（野積）

この草庵雪夜の作は碑が密蔵院に在りますが、島崎での作ともいわれる。

雪がシンシンと降っている。誰にも邪魔されず、一人静かに過去を振り返って、作っています。

「僧伽」の中で我こそ好箇手（やりて）なりとうぬぼれているが、ああ、何れの日にか目覚めん。たとい乳虎の隊に入るとも、名利の路を踏むこと勿れ。
三条地震の時も太平をたのんで人心弛み恩義とみに亡滅し忠厚更に知る無し。だがもうそれは飽きた。
俺の行く末も後わずかになった。一本の線香の煙が揺らめいている。

六十歳の頃

閃電光裏六十年
世上栄枯雲往還
巌根欲穿深夜雨
燈火明滅古窓前

六十年の人生は電光の閃きの様だ。
世の出来事は、雲の往き来の様だ。
雨が岩をも突き通さんと降っている。
窓際の自分は余り長くはないだろう。

五十歳の頃

回首五十有余年
是非得失一夢中…

人生振り返ってみると、五十の頃は、善悪や利害は一回の夢のようはかなく終わった、と言ってますが、六十になると一日一日が稲妻のように過ぎて速い。七十になった今は、速さより自分の命さえ燃え尽きる線香のようだ。

「騰騰天真に任す、誰か問わん迷悟の跡、何ぞ知らん名利の塵」

まだ、この頃良寛は、貞心尼が木村家に良寛を訪ねていたことは知る由もなかった。

密蔵院を離れる

良寛が最晩年、寺泊の密蔵院に来たのは何のためだったのでしょうか。

おほ殿の
林のもとに　庵し　めぬ
何かこの世に　思ひ　残さむ

「思ひ」とは、どんな事だったんでしょうね。もうこの頃に「歌集、くがみ」、それとも「いや彦和歌集」（この頃は考えてなかったか）…それともここでじっくり海の空気を吸いながら、大殿のもとで考えようと思ったのでしょうか。いずれにしても此の世に何か思いを残そうと思って寺泊にやって来たのでしょうね。

山中独居の時は、誰にも知られず、それこそ孤独死であっても覚悟は出来ていたはずでしょう。

ところが今度は違います。木村家にお世話になるのです。人の裏屋に住むのです、人間一人では生きてゆけないでしょう。乙子草庵と大きく変わったのです。

密蔵院

他力本願は止むなしでしょうか。

密蔵院に来た当時
おほ殿の森の下庵夜明くれば
からす鳴くなり朝清めせん

来院してから
草の庵に立ち居てみてもすべぞなき
海女の刈り藻の思ひ乱れて

題弘智法印像　（野積）
鄰皴烏藤朽夜雨
襤衫袈裟化暁烟
誰知此老真面目
画図松風千古伝

この夕べをちこち虫の音すなり
秋は近くもなりにけらしも

密蔵院を離れる際
えにしあらば　またもすみなむ
大殿の　森の下庵　いたく荒らすな

静かに余生を送ろうと思って来ているのに、掃き清めぬ先から、からすが鳴きわめく。また、余生をどのように過ごしたらよいものかを思うと、刈り藻のように乱れる。

それに、弘智法印のようにもなりたいが、とも思う。いかに死ぬべきか…。

人生の夕暮れがそこまで来ているが、ここ、密蔵院では良寛の本当の「思ひ・やろうと思った事」は出来て残らなかったのかな。

えにしあらば、またもすみなむ…。

木村家に何か残さむ…。で帰るのです。

てまり

密蔵院から木村家草庵に帰るとそこには、一通の歌と手まりが残されていた。貞心尼の手紙だったのです。

師つねに手まりをもてあそび給ふと聞きて奉るとて

てまり

これぞこの　ほとけのみちに　あそびつつ
つくやつきせぬ　みのりなるらむ

将に良寛の運命を変え、生き方を変え、人生への力強い息吹を吹き込んで、良寛芸術を完成させてくれる原動力になる、不思議な「えにし」だったのです。

良寛様が子供たちと手まりをついておいでになるとお聞きし、お土産をお持ちしたのです。

私も仏道の路に入ったものですが、毬つきと同じくいくら突いても突いても終わりが無いのと同じように、仏の教えも、いくら修行しても、極めつくせるものではありませんね。一緒に修行させていただけませんか。

この手紙を持って訪れたのは、文政十年夏（旧暦六月ころ）でした。

胸、弾ませて長岡の福島から、やって来たのに。

さて、この良寛の運命を変える一通の手紙、貞心尼とはどんな方なのでしょう。

幼名を奥村マスと言い、長岡藩二十五石鉄砲蔵士。五代奥村五兵衛の娘（次女）として寛政十年に生まれました。（現在の殿町の稲荷様、柿川の近くのようです）

二十五石取りの下級武士の家だったので手習い仕事を手伝ってその中から得たお金で紙、筆を買い、あんどんに覆いをして、夜遅くまで勉強していました。

また、武士の子が、女の子のくせにといわれても、平気で魚とりを子供たちに交じってやっていたようです。

十二歳の夏。乳母を訪ねて柏崎の中浜海を初めて見ました。その雄大さ、澄んだ空気、浜辺、家からは何時も海が見える。こんなところに住んでひぐらし本を読んで暮らせたらなあ。

この感動が元になっているのだろうか、人生の大半を柏崎で過ごしています。

貞心尼行脚姿像

十四、五歳ころ御殿奉公しました。ですからお花、お茶、歌の心得は多少あったに違いありません。
十七歳の時、マスは請われるまま、小出の（現、本町）医師関長温《せきながおみ》に嫁ぎました。

しかし、長続きしません、五年程で離別し、長岡に帰りました。

閻魔堂の尼主様

生きるために再び、柏崎の乳母を頼って中浜に行ったマスは、隣村の下宿《しもじゅく》に閻王寺という尼寺を訪ねました。そしてそこで尼さんになる決心をしたのです。剃髪し、眠龍・心龍の姉妹尼の弟子となって尼僧生活に入りました。

想像以上に尼僧生活は厳しいものでした。仏道だけでなく書・歌にも懸命だったそうです。

よそながら
哀れとも見ゆはるばると
この浦里に墨染めの袖

三人の尼さん生活は七年ほど続いたでしょうか、二十九歳の春（文政九年）、修行を終え長岡に帰りました。

運よく、福島の空庵、閻魔堂を村長《むらおさ》から許可を頂き、そこの庵主になって尼僧独居の修行が始まりました。

現在の福島の閻魔堂

ここでの生活は良寛が亡くなった後、四十四歳、柏崎に移住するまで続きます。閻魔堂は貞心尼が柏崎に越してから、代った僧の炬燵の火の不始末から焼けてしまいましたが、本尊の大王は残りました。

閻魔堂がどんな形で入口がどちらからで、どうだったか等はいっさいわからなくなっていました。

昭和三十一年九月一日、長岡童話会の尽力により閻魔堂跡の標柱を立てたり、翌三十二年十一月には、貞心尼思慕会と協力のもと写真のような立派な碑を立てることが出来ました。

傍には大きな欅が残っていますが（大欅の枝だけが一寸見えます）、当時の貞心尼を知っているでしょうか。

多くの人々の熱意で建立された碑には、良寛が亡くなってから、閻魔堂で作った歌が刻まれています。

朝げ炊くほどは
夜の間に吹き寄する
落ち葉や風の情けなるらむ

朝げとは朝焚く御飯のことです。夜の間に、風や落ち葉が朝ご飯の用意までしてくれる。神様、仏様のお陰、有り難いことだ。

大意はこうですが、この自筆の文字は良寛にも劣らぬ文字だと言われています。

「朝げ炊く」の貞心尼歌碑

初めての出会い

ところで長岡在の福島に来て落ち着くと、島崎に住む良寛が、徳が高く、書に優れ、歌をよく読まれるという噂を耳にします。禅僧ですが、宗旨にこだわらず、童心に帰って子供と遊んでいらっしゃる。などと聞くと、会いたさが募ってたまりません。

残念なことに、初対面は失敗でしたね。そこで次回には失敗の無いように手紙を出しています。

やがてまた暑き時分には参りたきものと…。若しお文くださるなら、与板のあぶらや喜左衛門までお出し下されば、長岡まで日々便り有候。

と、良寛が帰ってきたら、知らせてくれるよう頼んでいるのです。

良寛が、木村家草庵に帰って来たのは夏の終わりでした。貞心尼から木村家へ残した手紙を見ると早速返事の手紙(水無月二十四日)を出しています。

私に、つきて見よ(着いてきなさい)、仏法の道への精進は大変ですよ、と歌で次のように返事します。

つきて見よ
ひふみよいむなやここのとを
とをとおさめてまたはじまるを

突いてみなさいとは、毬を突いてみなさいという意味と、私に着いて来なさいと、二つありますね。貞心尼は、勿論着いて来なさいにとらえた。

一二三四五六七八九十で終わり、また始まりますよ。やってみませんか。

私について毬を突いてみなさい。一二三四五六七八九十。十と納めてまた一から限りなく始まるんですよ。仏の教えというものも同じように限りというものが、無いものですよ。

受け取った貞心尼は何と優しい、何と温かい歌でしょう。毬をつくことといい。仏法の奥深さといい、私なんかの遠く及ぶところではない。よほど修行のつんだお方だ。師と仰ぐにふさわしい方だ。

「はじめてあひみ奉つりて」の対面の像

ぜひ、ぜひお会いしなくては。

福島の閻魔堂から大口部落を抜け二里、蔵王から船で李崎まで。与板を通り、塩之入り峠(木の根や岩山で大変な難所)を越え、はるばる島崎に、能登屋に着いたのは夕方でした。

はじめて　あひみたてまつりて

貞心

時は、文政十年、二人の出会いが実現するのです。良寛七十歳、貞心尼三十歳の秋のことでした。

運命の出会い

炉を挟んで向かい合った二人。

正師だ（真実の師）と貞心尼はとっさに感じ、良寛も、留守中の手まりの土産といい、歌の奥深さといい、非凡な才能を見抜き、弟子に相応しいと感じたのでしょうね。

君にかく　あひ見ることの　うれしさも
まださめやらぬ　夢かとぞおもふ

最高の人との思いで畏敬、尊敬、そして、緊張と嬉しさでもう、恥ずかしさなんぞ忘れて、上の空です。一気に夢のようですと、想いのたけをぶつけています。

禅師の君（良寛様）に、このように親しく面と向かい合って、お会いできるなんて思ってもいませんでした。思っていた以上の優しさを感じ、うれしさでいっぱいです。なんだかまだ夢を見ているようで、と、胸の内。

良寛も初めての対面です。貞心尼の立ち居振るまい、声の調子、気持ちの表れ等を静かに眺めていましたが、やがて静かな口調で、答えました。（現実も夢も同じであるとの思いで）

夢の世に
かつまどろみて　ゆめをまた
かたるも夢も　それがまにまに

何と優しい。何と嬉しい言葉でしょう。夢のようです、に対して、貞心尼の想いをくみ取って、夢の世にと「夢」を受けて答えておられます。夢のままでいいのです、と話を発展させ、貞心尼の気持ちを楽にさせ、話しやすくしてくれたのです。

これこそ「愛語」でなくて何でしょう。

かって解良家での『良寛禅師奇話』の中に、
「師、余が家に寝宿日を重ぬ、上下自ら和睦し、和気家に充ち、帰り去るといえども、数日の内、人自ら和す」
と、あるように本当に優しい言葉が返って来たのです。

芭蕉が庵の窓前に…

およその意味は、
はかない夢のような此の世の中で、うとうとと眠って夢を見、又その夢を語ったり、夢を見たりするのも、成り行き任せにしよう。
夢も現もみな同じようなものだ、今話しているその「今」を大事にしよう。
と言われ、気持ちが楽になって、貞心尼は自分の進もうとすることや歌の道等について、考えて来た事を話すのでした。

いとねもごろなる　道の物語に
夜も更けぬれば　　　　　**師**
ねもごろ（話の良い所）

ところが、仏道の話が佳境に入り、夢中になっている貞心尼に、突然良寛は、話をさえぎって優しく夜の更けた事を告げるのです。

優しい言葉

突然

白妙の
衣で寒し秋の夜の
月なか空に　澄み渡るかも　師

と良寛様は言われたのです。
見ると秋の月は白く空高く昇っています。夢中になっていたがもうこんなに経ったのか。

されどなを飽かぬ心地して　　貞

向かひ居て　千代も八千代も
見てしがな　空行く月の
事問はずとも　貞

「はじめてあひ見たてまつりて」の碑

一寸「すねて」います。そうでしょう。逢いたくて、逢いたくて、積もる話は尽きません、お尋ねしたい話が未だ沢山残っています。話の腰を折るような「月」の話になったから、「すねた」のでしょうね。

二人のやり取りの「妙」を少し終わりにして話を優しい言葉に変えます。

私が木村様に下宿させてもらった五十五年前頃、台所の大きな柱に、良寛がモットーにしていたという「愛語」が何気なく貼ってありました。すすや手垢で真っ黒でしたから、もう終戦前から貼ってあったのかもしれません。

愛語ト云ハ、衆生ヲ見ルニマヅ慈愛ノ心ヲオコシ顧愛ノ言語ヲホドコスナリ…

（愛語の冒頭部分）

この文章には、「要らない文」が無い、余分な言葉が無い。言いたい事が正確に伝わってくる、すごい文章です。

世の中には偉い人がいるんだなあ。

「おばあちゃま、すごい事が書いてあるが、愛語って何ですね」

「うん、これはのう、良寛様の座右の銘ですって、命の存する限り、生きている限り、決して怠けないで、「優しい言葉」を使われていらっしゃったんですすって。

おらもまねしようと思ってさ…」

日に何度となくぼんやりと見ていたものが、急に焦点の当たった言葉になって胸に響いてきました。

良寛は国仙和尚から、遺偈をもらって越後への帰途、永平寺に立ち寄っています。ここでは、宗派の祖である「道元」の『正法眼蔵』九十五巻本の編集の最中でした。

良寛は円通寺で『正法眼蔵菩提薩埵四摂法』の六十巻本を勉強していましたから、永平寺の「玄透」和尚の編集に力を貸しています。

正法眼蔵

曹洞宗の開祖道元禅師の著された『正法眼蔵《しょうぼうげんぞう》』とは、禅師が三十二歳から五十四歳までの二十三年間に、弟子や大衆に説かれた教えを集めたもので、一般には九十五巻としてまとめられています。これは、日本曹洞宗の最も重要な根本経典であると同時に日本の生んだ最高の哲学書とも言われています。

『正法眼蔵』とは仏の心・仏法そのものという「正伝の仏法」をさすものです。体験的修行によって得られた「悟り」の世界を『正法眼蔵』として示されたものです。

四摂法とは、布施、愛語、利行、同事、のことで、私たちが社会生活をして行く上で、欠かすことの出来ない「四つの徳」のことです。

一、布施とは、お経で施しを行う事。

二、愛語とは、優しい言葉で話す事です。

三、利行とは、相手の為を考え、口で言い聞かせ、人の為になるように心がける事です。

四、同事とは、相手と同じ立場に立って、感じたり、実践したりする事です。

ところが良寛は、愛語だけを強調しています。これはきっと愛語の中に他の三つを見すえ、「布施、利行、同事」を観て、これらは、愛語実践に含まれると思われたからでしょう。

それにしても、良寛の記憶力には驚くばかりです。『正法眼蔵』の中の愛語を一言一句暗記していて、木村家草庵で、そっくり何枚も書かれたそうです。

また、木村家では良寛の謹書した「愛語」を朝夕掲げて「おらも真似しなくっちゃのう」とおっしゃる。本当に頭が下がります。

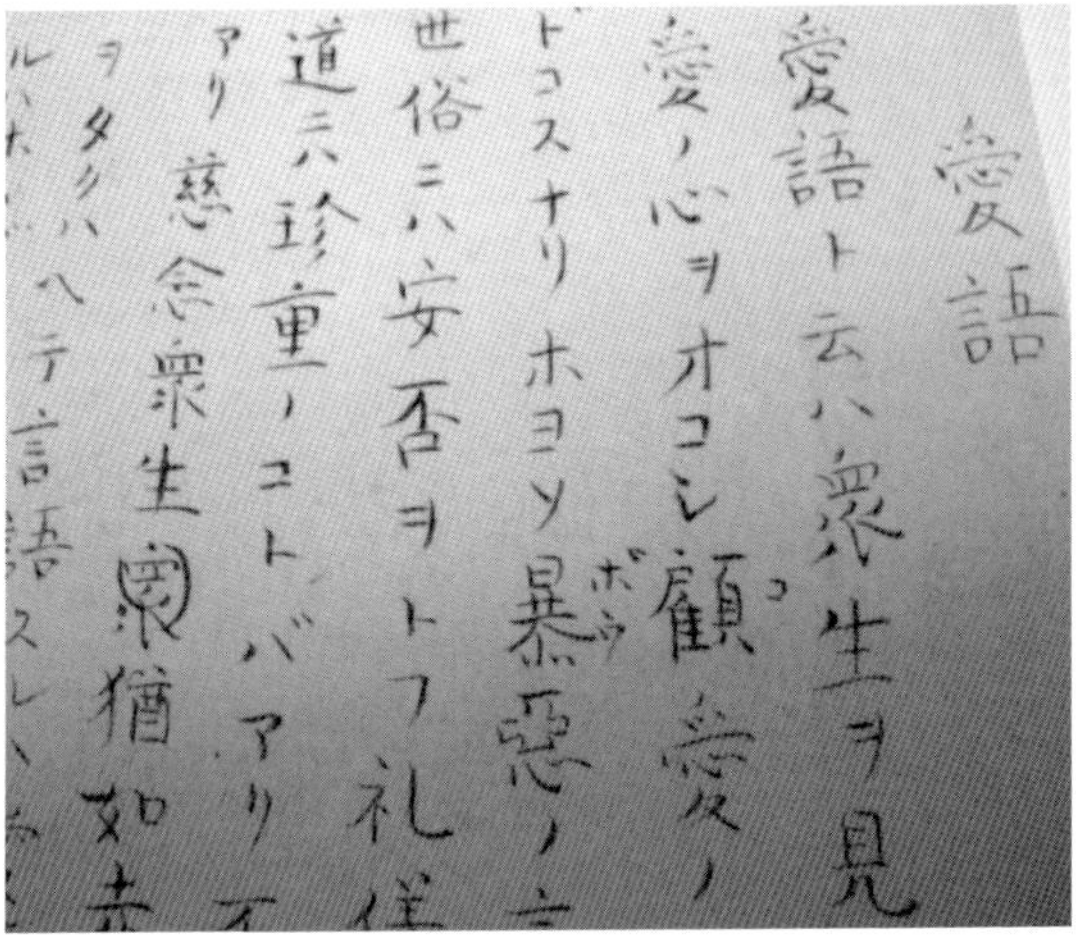

良寛の愛語

そう言えば、朝の「おばーちゃま」のお勤め。「リーン」に目覚めたものですが、これには、お勤めと同時に、大事なことがあったんですね。

それは、昨日の愛語・戒語を反省し、今日を、どのように生きるかに繋げて居られたんですね。このことが、今思うと誰にも邪魔されず静かに反省する。「仏様のお陰を信じ、我が身をかえり見る事」がいかに大切なことかが、やっと分かって来ました。

朝のお勤めは大事な反省の時間でもあったのです。過去を反省し、「明日にそれを生かす」そんな反省の時間を一日の何処かで持ちたいものです。

良寛は愛語に接した時、実践がいかに難しい事かを感じ取ったはずです。私達も優しい言葉を実践しましょう。

愛語ハ愛心ヨリオコル
愛心ハ慈心ヲ種子《タネ》トセリ

愛語を使えるのは、読者、あなたです。

おとなの出番

心の持ち方や態度が「愛語」には大事なんだという事を、良寛は強く考え、そのために、自分の行為や言葉遣いの戒め、即ち「戒語」を以って当たらなければならないと、深く考えていました。すなわち、心や態度の平静を保っていなければ愛語は、使えないということです。

貞心尼が良寛と話している間に注意されたり、気づいたりした「良寛戒語」だけでも九十項目もあります、ですから良寛自身はもっと気をつけていたに違いないのです。

人々（衆生）に対して、慈しみの心をもって、相手の気持ちを察して優しい言葉をかけてやりなさい、という事ですから。

早口ではダメでしょう
怒り声でもいけません
話の長すぎるのも
問わず語り…　等等

これらは禁句ですよね。

どの良寛像を見ても、愛語を使うにふさわしい顔をしていらっしゃいます。

日常生活の上で、絶えず慈しみの心を持って、優しい言葉で話しかける。これは、とても難しいのです。いつも気持ちをゆったり持っていなければなりません。

想像するに良寛は、物静かで、人の言う事をしっかり聞いて、言葉を考えに考えて話す人だったのでしょうね。

だからよほどのことが無い限り言葉は「意味」が通ずるぎりぎりの短い言葉だったろうと思われます。だから歌だったんでしょうか。なんか恥かしくってここで書くのを止めたいですね。

良寛像

先日、天皇陛下の東日本大震災の被災者ご訪問が放映されました。

「お元気ですか」

「大丈夫ですか」

と、膝をついて、しかも手をお取りになって、「赤子の想い」をたくわえて、おっしゃるお姿がとてもすがすがしく印象的でした。

両陛下の言葉こそ愛語でなくて何でしょう。

近頃、テレビと言わず雑誌と言わず、何と言葉が乱暴で、言葉遣いが乱れていると思いませんか。マスコミの影響もあると思うのですが、小・中・高の子供たちの言葉がひど過ぎます。声高で汚い言葉があふれていると思いませんか。

この汚い言葉を直せるのは、大人です。大人の皆さんが、素直な言葉を使っていないからでしょう。子供が乱暴な言葉を使っていても注意してあげないからだと思います。

おじいさん、おばあさん、率先して聞きやすい、素直な言葉を使ってあげてください。そうすればきっと子供は真似します。それがやれるのは、あなたしかいません。

愛　語

さてそれでは、良寛の謹書した「愛語」から述べてみましょう。熟読含味です。

愛語（優しい言葉）

愛語ト云ハ　衆生ヲ見ルニ　マズ慈愛ノ心ヲオコシ　顧《コ》愛ノ言語ヲホドコスナリ　ホヨソ暴《ボウ》悪ノ言語ナキナリ

世俗ニハ安否ヲトフ礼儀アリ　仏道ニハ珍重ノコトバアリ　不審《シン》ノ孝行アリ慈念衆生猶如赤子ノオモヒヲタクハヘテ言語スルハ愛語ナリ

徳アルハホムベシ　徳ナキハアハレムベシ

愛語ヲコノムヨリハ　ヤウヤク愛語ヲ増長スルナリ　シカレバ　ヒゴロシラレズ　ミヘザル愛語モ現前スルナリ

現在ノ身命ノ存スルアヒダコノンデ愛語スベシ　世世生々ニモ不退転ナラン

怨敵ヲ降伏シ　君子ヲ和睦ナラシムルコト愛語ヲ本トスルナリ

向テ愛語ヲキクハ　ヲモテヲヨロコバシメコヘロヲ楽シクス　向カハズシテ愛語ヲキクハ肝ニ銘ジ魂ニ銘ズ

シルベシ　愛語ハ愛心ヨリオコル　愛心ハ慈心ヲ種《タネ》子トセリ

愛語ヨク　回天ノ力アルコトヲ学スベキナリ

タダ能《ハサ》ヲ賞スルノミニアラズ

沙門良寛謹書

（語訳）

愛語　優しい言葉
衆生　人々、世の中
慈愛　いつくしみ、情け深さ
顧愛　思いやり
暴悪　乱暴で悪い
珍重　相手を尊ぶ
不審ノ孝行　挨拶言葉、ゆるぎなき師弟

猶如
徳
愛語の増長
世世生々
不退転
怨敵
君子
向テ
ヲモテヲ
向カワズシテ
肝ニ銘ジ魂ニ銘ズ
シルベシ
慈心ヲ種子ニ
回天ノ力
学ス
能

丁度…ように
良いところ
愛語の習慣が増す
後後の世、いつでも
怠けてはならぬ
怨の有る敵
権力者
面と向かって
顔を
人伝えに
心にしみます
だから
慈心が元
天地をもひっくり返す
学ぶ
その人の技量

良寛像

子供の言葉の乱暴さには、危機感さえ感じます。言葉を優しく使ってあげて、直してあげてください。それができるのは、大人のあなたです。

愛心は慈心が種子

愛語は「怠けない。体の続く限り、生きている限り」使うのですから大変です。できるところからはじめればよいのです。「良いところを褒める」「しっかり挨拶」「乱暴な言葉を使わない」等を、今日から、いや、今から始めましょう。

マズ　慈愛ノ心ヲオコシ　顧愛ノ言語ヲホドコスナリ

誰かに、相対した時に「慈愛の心」を、いつも起こすって考える。大変なこととすぐ気がつく。

暴悪ノ言葉ナキナリ

乱暴で汚い言葉は、使ってはだめです。

赤子ノオモヒヲタクハヘテ

ベロベロバー、言う時の気持ちですよ。

徳アルハホムベシ

良い所を見つけて褒めなさい。

愛語ヲ増長スルナリ

愛語を使っていると増えて来る。

現在ノ身命ノ存スル間

生きている間、使いなさい。

世世生生ニモ不退轉ナラン

一生怠けてはいけません。

怨敵ヲ降伏シ

怨みをもつような人でも仲良くさせる。その大本は愛語ですよ。

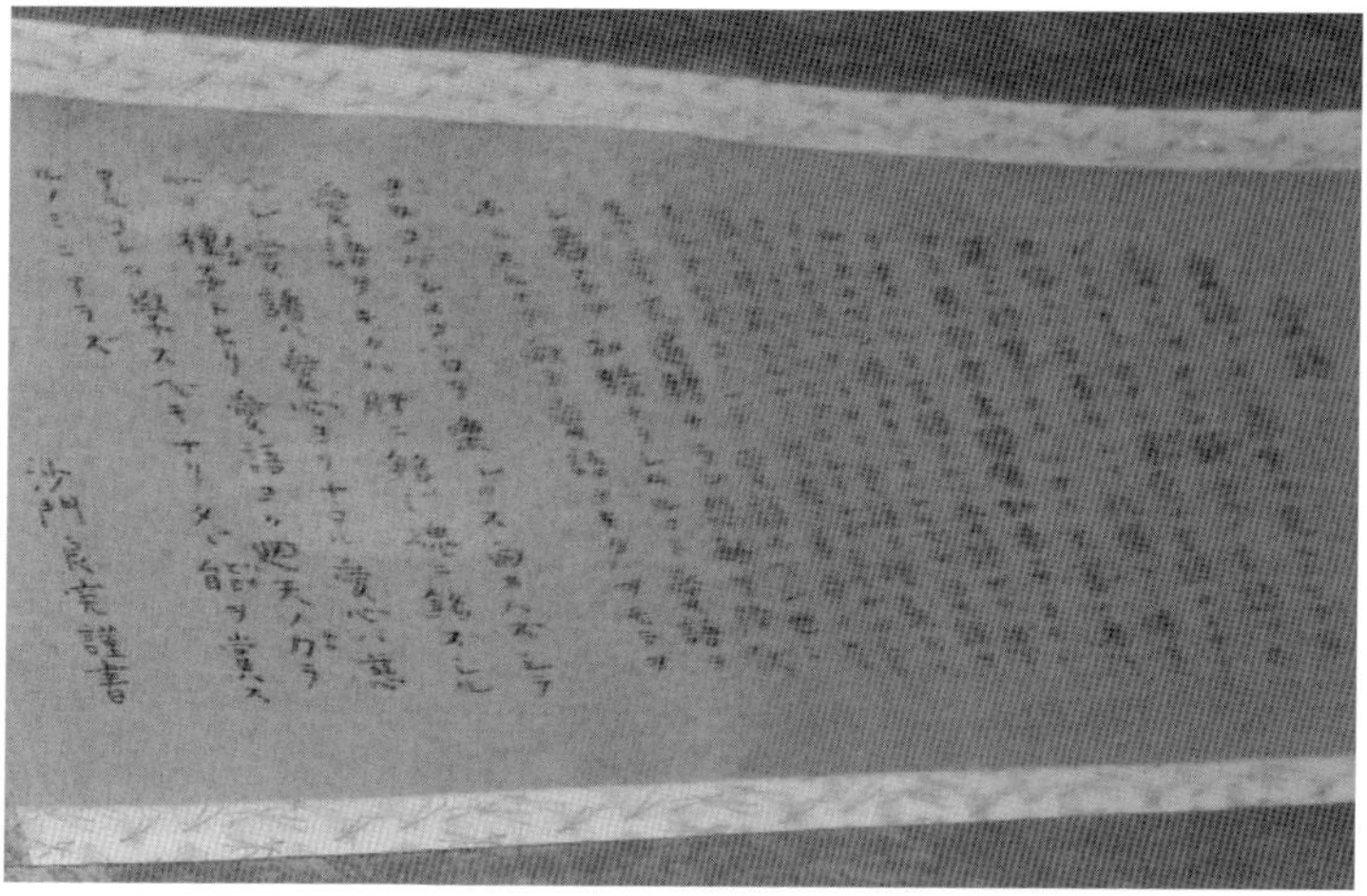

良寛謹書の愛語

向テ愛語ヲキクハ　ヲモテヲヨロコバシメ
顔を合わせて愛語を聞くと嬉しいし、心躍ります。
向カワズシテ愛語ヲキクハ　肝ニ銘ジ魂ニ銘ズ
蔭で褒められると心の底から、嬉しいものだ。

愛語ハ愛心ヨリオコル
愛語は愛心から生まれるものだ。

愛心ハ慈心ヲ種子トセリ
愛心は慈《いつくしみ》の心が無ければなりません。

愛語ヨク　回天ノ力アル
愛語は天地をもひっくり返す力があるもの

タダ能ヲ賞スルノミニアラズ
ただ言葉だけでなく、その力の奥底まで考えなさい。

愛語と戒語

前項に引き続き愛語の大事な部分を書きましょう。

沙門良寛謹書（謹書ですよ）

仏様の弟子の良寛が、考えに考えて、丁寧に丁寧に、書かせてもらいました。

とあり、良寛自身も、一言一句緊張して書いている事が良く伝わってきます。また、自分の行動を考えながら、自分を戒めながら書いている事もよく伝わってきます。

この愛語、ぜひ子供たちに伝えたいと思いませんか。子供たちの非行、万引き、いじめ、登校拒否、また子供たちが、せっかく集まっていても、話をせずに、夢中になって携帯メール。ゲーム…。

お家の中で、明るい会話が足りないからでしょう。子供の心からの叫びを聞きとれるのは、お爺さんであり、お婆さんです。

お父さん、お母さんが仲良く、優しく話をはじめる。それを見て、子供も愛語で話す。そうすれば、

くそばばー、死ね…

などという暴悪な言葉は無くなって、いつかは明るい言葉が町中に響き渡って行くと思います。

「みんなで（俺から）良寛さんの書かれた愛語を真似しょういのー」と、おばーちゃま。

一、まず、元気よく挨拶しょいのー

一、次、良いとこ褒めようてー

一、いつも笑顔でのー

一、タイミング良くのー

「戒語を命をかけて守る」

良寛に寄り添った貞心尼は、その良寛戒語を次のように書き残しています。

良寛禅師戒語　（貞心尼）

一、**言葉の多き**
多すぎる言葉

一、**物言ひの際時**
はらはらするような下品な言葉。

一、**口の早き**
早口でまくしたてる。

一、**話の長き**
うんざりする長話。

一、**問はず語り**
尋ねもしないのに一方的に話す。

一、**講釈の長き**
要領よく話す

一、**差し出口**
要らぬお節介

一、**つゐで無き話**
きっかけの無いのに話す。

いつか皆で読みあって見ましょう。

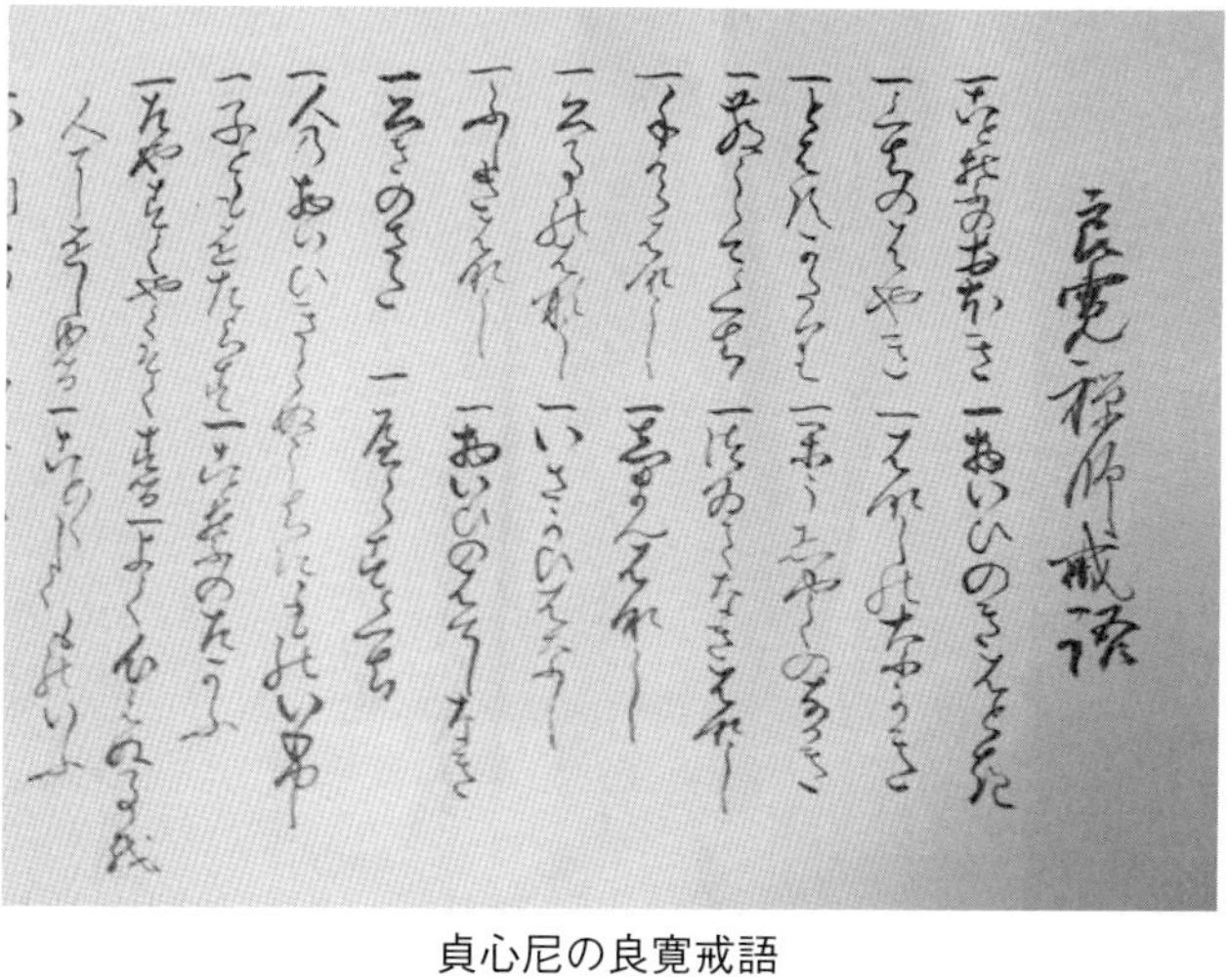

貞心尼の良寛戒語

高い高い　山

戒語を続けます。

一、公事《くじ》の話

訴訟などの判断の話

一、いさかひ話

喧嘩の話

一、くれて後、人にその事を語る

いやな思いが残る。

一、言葉はをしみ、をしみいふべし

（解良家の戒語の中に）

貞心尼の戒語は、全部で九十カ条ありますが、途中を省きました。いつか皆で原本を読み合わせてみませんか。私たちが、見習わねばならないところがいっぱいあります。

愛語・戒語を守り貫き通した良寛、大きくてすごい人に見えてきましたね。

谷川岳

ところで、良寛会の構成メンバーはどの会を覗いても若い者や小・中・高の学生は全く見る事が出来ません。何故、愛語や戒語を必要としないのでしょうか。いや良寛を必要としているのは、未来を背負って立つ子供たちだという事を忘れてはなりません。子供たちの為にもっと、もっとPRしなければなりません。まず若い人を「会に入れ」、さすが「良寛の里」は、愛語に満ちているわ、と言われるように本腰を入れて考えようではありませんか。

　さて、貞心尼と良寛はその後どうなったのでしょう。ああそうでした。初めて出会って言葉を交わしたところでしたね。

　良寛は、貞心尼が一日がかりでやって来て、疲れているだろうと、

「白妙の衣手寒し秋の夜の　月中空に澄み渡るかも」と詠んだところでしたね。「疲れ」を心配したところでした、ね。貞心が一寸すねたとこですね。

されどなほあかぬここちして

心配してもらっているけれども

むかひゐて
ちよもやちよもみてしがな
**　そらゆくつきのこととはずとも**

貴方と向かい合って、千年も万年も過ごしたいと思っていますのに、月の事などどうでも良いではありませんか、と言っています。それほど、お会いして、お話している事が楽しかったんですね。

心さへかはらざりせば
這う蔦の絶えずむかはむ
千代も八千代も
良寛

ありがとう。その通りだ、と良寛。

向かい合っているだけで十分だ。黙っていてもいいんだね。

貞心尼は、これから良寛の死に水をとり、墓が出来ても、貞心自身が死ぬまでの間、心の絆は続くのです。二人の間柄については、いろんな人が、夫婦の関係だ、いや聖愛だと言っていますが、私は、相馬御風の著書にある立場を取ります。

心からの想い

「一面に於いてはまさに仏門における師弟の交わりにあった。また同時にそれは、歌の道、芸術の世界美の天地における師弟でもあり、また道ずれでもあった。而も、現身の人間として両者の関係は、ある時は親子のそれであり、ある時は、兄弟のそれであり、ある時は、最も親しき友のそれであり、さらにある時は、最も清い意味での恋人のそれでさへもあったろう」

語り合う二人像

良寛、貞心の生き方を見て来ますと、相馬御風の考え方が最も妥当なような気がいたしますし、「僧伽」を見れば坊さんになるとはどういう事か分かります。いろんな歌や場面に立ち至っても変わりません。

帰る時になりました。

またも来よ　柴の庵をいとはずば
すすき尾花の露を分けわけ

この庵が嫌いで無かったら、又来なされやと、次回を約束するのでした。

「すすき尾花の露を分けわけ」

何と素敵な言葉でしょう。

「花を愛でて…」何と温かい歌でしょう。尾花が咲いていている頃にまたいらっしゃい。きっとですよと、念を押しています。

君にかくあひ見る事の嬉しさも
まだ覚めやらぬ　夢かとぞ思ふ

この貞心尼の心からの想い　更に、

むかひゐて千代も八千代もみてしがな
空行く月のこととはずとも

から、良寛は運命的なものを感じたのかもしれませんね。

貞心もまた、強い「因縁」を感じたんでしょう。二人の出会いや歌を後世に残そうと『蓮の露』に、したためたのは、その証拠でしょうね。

ところが、文政十年の秋、良寛は待てど暮らせど貞心尼からの音沙汰がありません。心配です。我慢できなくて自分の方から便りを出します。

天の下の宝

ほどへてみ消息《しょうそこ》給わりける中に　貞心
君やわする　道やかくるるこの頃は
待てど暮らせど　訪れの無き　良寛
ことしげき　むぐらの庵にとじられて
みおば心に　任せざりけり　貞心

ことしげき＝いそがしい。むぐら＝つる草。みおば心に任せざりけり＝心は急ぐがままならない。

ああそうか忙しくて来れなかったのか、具合が悪くなって伏せっているのでなければと案じていたのでした。

それを聞いて便りを出します。

身をすてて世を救う人も
ますものを草の庵に
身をもて余すとは　良寛

福島閻魔堂「貞心尼草庵」

我が身をささげて世の中の苦しむ人を救う方もおられるというのに、家の中でする事も無く時を過ごしているとは、何ともったいない事ではありませんか。仏に仕える身になって人が草庵で暇を弄んでいるとは何ですか。もっと修行しなさい。勉強しなさい。何もかも仏様はみていらっしゃいますよ、と返事するのですが、その実、良寛も逢いたくて逢いたくてしょうがないのです。

山の端の月はさやかに
照らせどもまだ晴れやらぬ
みねのうすぐも
貞心

すっかりもう打ち解けて来ましたね。うす雲ってなんでしょうね。

貞心は、この封建制の真っただ中、例え僧侶同士であろうとも、良寛様は男であり、私は女である。禅宗は女人禁制、弟子になれないかも…、いや、『無量寿経』に女人成仏があるではないか。…それにもまして良寛様に迷惑がかかるのではないか。等が、頭から「うすぐも」として離れなかったのです。

ひさかたの月の光の　清ければ
照らしぬきけり　からも大和も
昔も今も　嘘も誠も
良寛

二人の間が清い関係なら、お月さまが、見ていらっしゃるから大丈夫ですよ。

良寛のこの歌で、貞心は心の底から迷いが消えて行くのです。そうだ「相馬御風」の言っている通りになることだ。月の光の清よければ、で行こう。

文政十一年、良寛七十一歳、貞心三十一歳の春になると、すぐ良寛に手紙を出します。

想いのたけ

自づから
冬の日数の暮れ行けば
待つともなきに春は来にけり　貞心

良寛様を慕って良いかの迷いも自然と解けたようです。

我も人も
嘘も誠も隔てなく
照らしぬきける　月の清《さや》けさ　貞心

覚めぬれば
闇も光もなかりけり
夢路を照らす有り明の月　貞心

貞心尼庵室跡

迷いから覚めて見ると闇も光も無いのです。清いお月さまの光だけです。
二人は木村家草庵で、出逢うのです。その時のうれしさは大変なものです。

天が下にみつる玉より
黄金より春の初めの
君がおとづれ
良寛

この賛辞、最高。お空いっぱいの宝より貞心さんよ、お前さんが来てくれた方が、どれだけ嬉しいか。

結局最後には堂々とお互いの心の中を歌に託して「大好きだ」と言ってしまうのです。

遺墨の歌会に詠んだ歌によれば、恋の深みにはまって。次のように歌を読みます。

恋学問妨

いかにせむ学びの道も
恋草の繁りて今は
ふみ見るも憂し
貞心

どうしたらいいんですか良寛さん。私は良寛さんの事を考えると頭の中がいっぱいでどうにもなりません。文字を見るのも、うっとうしく嫌になりますわ、と、歌会の席を良い事に、想いのたけをぶっつけます。すると、良寛も負けていません。

いかにせむ
牛に汗すと思いしも
恋の重荷を
今は積みけり
良寛

憂しを牛に変えて、お前さんだけでなく私も大変。牛が汗するほどの荷車に積んだ本を私は読んできたが、今はそれ以上の恋の重荷を背負って喘いでいますよ。何と苦しい事か。歌会にかこつけて二人だけでは言えない事を言ってしまったのです。

歌集「久賀美《くがみ》」久賀美の歌

良寛はゆったりと自分の生活を送っているように見受けられるが、実は詩歌の創作の毎日だったのです。

草庵前の芭蕉の樹
雲を払って涼し。
歌を読み詩を賦し
終日その傍らに座す。

木村家草庵で良寛の残した物。

「久賀美」「いやひこ和歌集の三巻」。漢詩の「法華賛（漢詩百以上）」「論語」等が残っています。

「法華賛」は良寛が『法華経』二十八品に対し、漢詩で百の賛辞を書いたものであり、良寛の禅学を知るうえで欠かす事のできない作品です。

僅か四年の間にこんなにも、です。毎日がいかに創作意欲に燃え、充実していたか。自分の病躯に鞭うって後世の為に懸命だったかが伺えます。

七十歳を過ぎた者が、今で言えば九十歳位の者が、これだけ精力的で、書の見事さ、円熟ぶりが見て取れ、良寛芸術のみずみずしさ、生き様等々が感じ取れます。

良寛は死期が訪れる前三年間、一日中歌を読み詩を賦し、座禅を組み、村人と交わり、その間に子供とも遊んで充実した生活を送っていたのです。
歌集『久賀美』を全部鑑賞しましょう。「久賀美」の最初の部分、

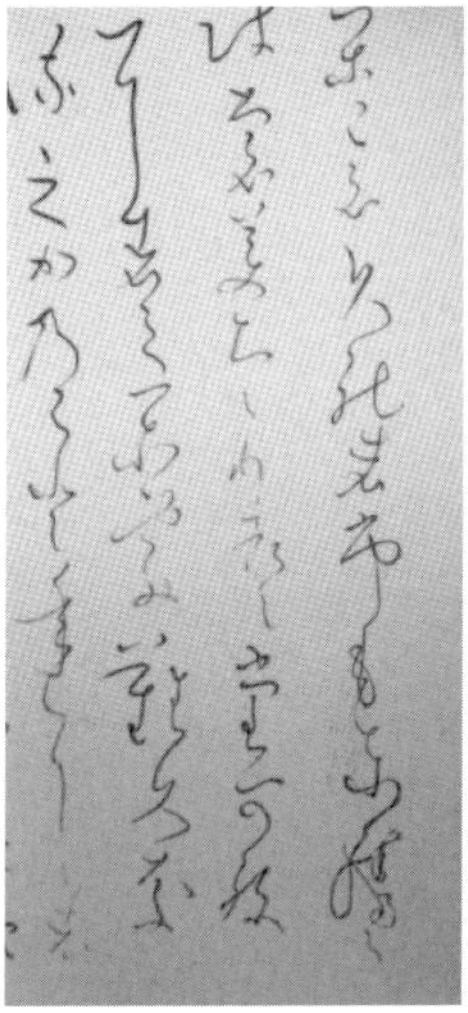

絵が浮かんで来ませんか。
料紙は唐紙です。縦が二十六、七センチ。横十六、六センチの大きさを半分に折り、背には二か所穴をあけ簡単に閉じられています。そこには朱を入れたり、墨で消したりして、短歌十三首、長歌九首、施頭歌四の計二十六首を貞心尼と逢っていた頃纏めています。
では歌集「久賀美乃宇多」を覗いてみましょう。

あしびきの　くがみのやまを
たそがれに　「わがこえくれば
ふもとには　もみぢちりつつ
たかねには　しかぞなくなる
しかのごとねには」　なかねど
もみぢばの　ちりゆくみれば
こころかなしも

注　「　」の中が上の写真です。
あしびきの＝国上やまの枕詞。
しかのごとね＝鹿のようには。
悲しも＝悲しくなる。

心の清さ・気品には、圧倒されます。

歌集「久賀美」わが久賀美

たそがれに　わがくがみの

良寛は、冒頭にこう書いて、墨でこの部分を消しています。「我が久賀美」と書いたのです。この事から。私の故郷は、久賀美であると決めていたのですね。そこで聞く鹿の音は特に、自分の人生に似て聞こえたのでしょう。

わがやどを　訪ねて来ませ
あしびきの　やまのもみぢを
たどりがてらに

訳　あしびきの＝山にかかる枕詞。途中途中のもみぢを観賞しながら、おら家を訪ねて来なさい。草庵がとても素晴らしい所にあるようですね。行ってみたくなりますよね。

「わがやどを」の碑（島崎）

あしひきの　やまべにすめば
すべをなみ　しきみつみつつ
このひくらしつ

訳　山の中で暮らしているとあまりすることが無くて、しきみ草を摘んで暮らしていますよ。

わがやどを　たずねて（き）ませ
あしひきの　やまのもみぢを
たおりがてら（に）

訳（　）は抜け字、二番目の歌が、そっくり載せてあります。注意して下さいという意味で朱でひいたのか、「たおる」、「たどる」に気をつけてくださいの為なのか。

「たおる」「たどる」では随分の違いがあります。

あしひきの
くがみのやまの　ふゆごもり
ひにひにゆきの　ふるなべに
ゆききのひとの　あともなし
ふるさとびとの　おともなし

訳　故郷久賀美の山（地名の国上の山ではないのです。もっと心の奥のふるさとのことです）の冬ごもりは日に日に、雪が降り積もって、その雪も水気を含んで重く、大粒でどんどん積もってしまう。

行ったり来たりする人の跡がだんだんと少なくなって、（絶えて）ふる里の人たちの、音沙汰も無くなって来た。一人暮らし、しかもこれからの半年の冬ごもりは、何と寂しくて、わびしいものだなー。

歌集「久賀美」あまぎる雪

良寛は、木村家の人やその他の人に、生きた証を残したかったのでしょうね。歌そのものが絵にかいたように情景が浮かんでくるようなものがたくさんあります。

歌自身の鑑賞では、まず句読点などに気をつけて読む。二回目は意味を考えながら、三回目は、声に出して読んでみよう。

良寛のその時の心情、周りの情景等が浮かんでくるはずです。

うきよをここに　かどさして
ひだのたくみが　うつなはの
ただひとすじの　いはしみづ
そをいのちにて　あらたまの
ことしのけふも　くらしつるかも

訳　新しい年がやって来ました。石清水のように細いけれども、飛騨の匠が作ってくれたすばらしい縄（生きる路）だと思って大事に、汲めども尽きない命のように生きて行きたいものだ。

いひこふと　くさのいほりを
たちいでて　さとにいゆけば
さとこども　いまははるべと
うちむれて　みちのちまたに
てまりつく　われもまぢりぬ
そのなかに　ひふみよいむな
ながつけば　わはうたひ
わがうたへば　なはつく
つきてうたひて　かすみたつ
ながきはるひを　くらしつるかも

訳　庵を留守にして托鉢にでた。里に行ったら子供たちが、春だー春だと手まりをついたりして遊んでいます。嬉しくてたまりません。

私も子供たちと一緒になって毬つきをやって、歌ったりついたりしています。春の日長はそんな風に暮らしたいものだなー。

ひさかたの　あまぎるゆきと
みるまでに　ふるはさくらの
はなにぞありける

訳　この歌集「久賀美」の中で、こんな素敵な歌があるでしょうか。晩年の最高傑作のひとつでしょう。

仰ぎ見ると、空一面に春のあわ雪。いや違う雪じゃない。すごいこれは、花吹雪だ。花吹雪だー。うわーい、うわーいー。

しばしこの情景に浸ってみませんか。

福島江の桜（長岡）

歌集「久賀美」ひとつ松（岩室の）

良寛は最後まで結婚しなかった。そこが親鸞と違った。自分の身を自然の中の木や動物に置き換えて、歌を詠んでいます。「自然《じねん》」というのでしょうなー。久賀美にはそうした「ものの哀れ」を沢山取り入れています。

ゆくみずは　せけばとまるを
たかやまは　こぼてばをかと
なるものを
すぎしつきひの　かへるとは
ふみにもみへず　うつせみの
ひともかたらず　いにしへも
かくしあるらし　いまのよも
かくぞありける　のちのよも
かくぞあるらし　かにかくに
すべなきものは　おいにぞありける

訳　水は堰を作れば止まるし、山は削れば岡となるが、過ぎた月日はもう二度と帰ってはこない。そんなことは何処にも書いてないし、後の世だって同じだろうが、「老い」、年を取るってことはどうしたって止まらないものだ。

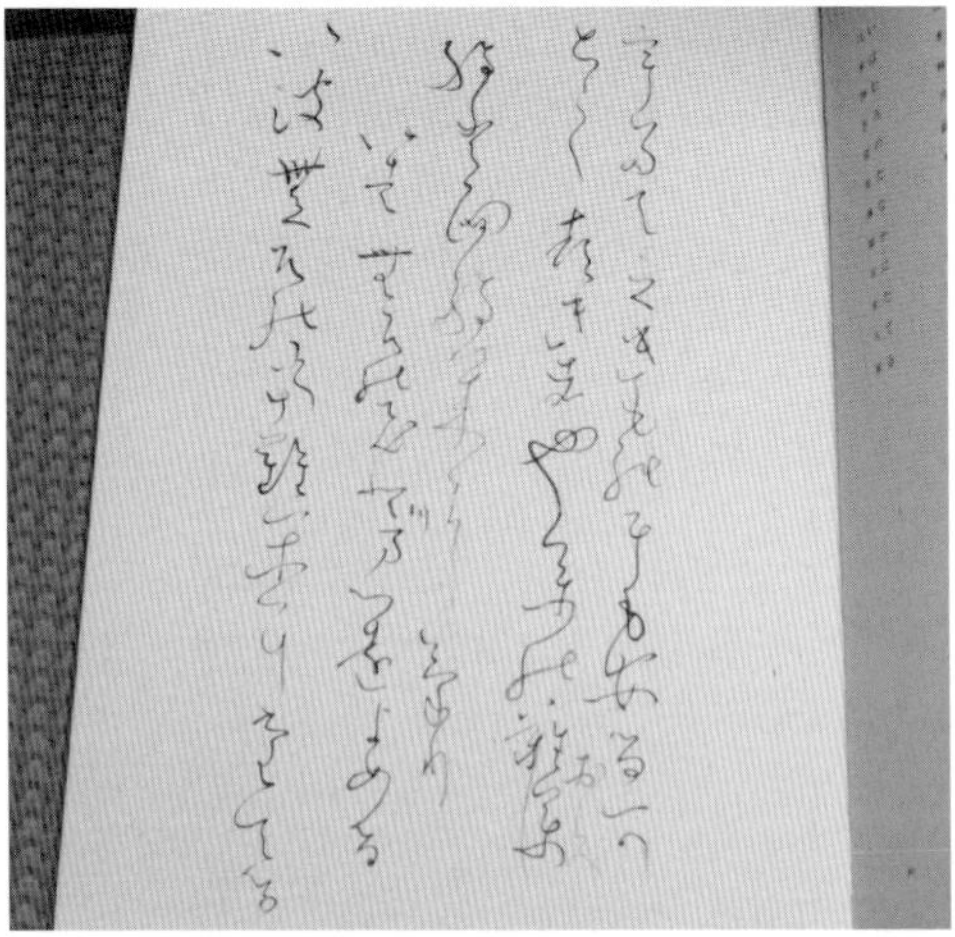

うたてしき

うたてしき　ものにもあるか
としつきは　やまのおくまで
とめてきにけり

訳　うたてしき＝どうにもならない。
　とめて＝尋ねる

次が有名な歌で「岩室の松」です。自分の身をこの松の木とかさねあわせて詠んだうたです。ものの哀れを感じさせます。

いはむろの　たなかにたてる
ひとつまつのき　けふみれば
しぐれのあめに　ぬれつつたてり
ひとつまつ　ひとにありせば
かさかさましを　みのきせましを
ひとつまつあはれ

訳　松の木さんよ。あんたが人だったら、こんな日は笠貸しましょう、蓑はどうですかと言ってくれるだろうになー。可愛そうだなー。

おほとのの　おほとのの
とののみまへの　みはやしは
いくよへぬらむ　ちはやふる
かみさびたてり　あしたには
いゆきもとほり　ゆふべには
そこにいでたち　たちてゐて
みれどもあかぬ　これのみはやし

訳　これは寺泊の密蔵院にいたころに作ったものです。おほとの＝お御堂。かみさび＝神々しい。朝夕毎日見ているが、見るほどに飽きない林だなー。

歌集「久賀美」この姿勢こそ学べ

私達が良寛に学ばなければならないこと、それは「死」というゴールが見えた人が「何を考えねばならないか」という事です。

やがて死が来る。その前にお世話になった人々に「私のおはこ」はこれでしたって、最高の物を残しておきたかったのでしょう。

日々の生活の中で「久賀美」を作り「いやひこ和歌集」を作り、「法華賛」を作り、「論語」を書き、絶えず新しことへの挑戦をしていた姿。正味四年三カ月の間にですよ。これこそ私たちが学ぶべき良寛の本当の姿だったのです。

山陰の　ありその波のたちかへり
見れども飽かぬ　これのみ林

訳　何回見てもこのみ林の厳かで、神々しいことよ。俺の生き方もこのように在りたいものだ。

大殿のみ林

求古にかはりてよめる
わくらばに　人となれるを
なにすとか　このあしきけに
ほださへて　昼はしみらに
水鳥の　息づきくらし
ぬばたまの　夜はすがらに

ひとのぬる　やすいもいねず
たらちねの　母がましなば
かいなでて　たらはさましを
わかくさの　妻がいませば
かいもちて　はぐくまましを
家問えば　家も放りぬ
兄弟たちや　いづち行ったのか
よしもなく　荒れたる宿を
うつせみの　よすがとなせば
ひとひこそ　たへもしつらめ
ふたひこそ　しぬびもしらめ
あらたまの　ながきつきひを
いかにして　くらしやすらむ
うちつけに　しなばしなめと
おもへども　さすが命の
おしければ　かにもかくなも
すべをなみ　あさなゆふなに
こもりゐて　ねのみしなかゆ
ますらをにして

訳

求古は良寛少年時代の師である。その求古の子供が（分水町）で亡くなったと聞いて詠んだ歌。

たまたま人に生まれ、この悪い病気に取りつかれ、昼は一日中門を閉じ、夜は一晩中安眠できない。母がいれば、撫でさすってくれよう。妻がいれば介抱してくれるのに、家問えば、家も捨て、兄弟も故郷を捨て旅に出た。一日二日位は人が貢いでくれるが、長くなったらどうする。何度か死のうと思ったが、命が惜しくどうしようもない。朝夕家で、声を出して泣くばかり、しっかりした子なのに。

歌集「久賀美」　なげださない姿勢こそ

やまたづの　むかひのおかに
さをしかたてり
かんなづき　しぐれのあめに
ぬれつつたてり

訳　これは施頭歌です。五、七、七、五、七、七で作られています。歌の中の雄鹿こそ良寛です。時雨の雨に身じろぎもせず堂々として立っています。

やまかげの　まきのいたやに
あめもふりこね　このおかに
あきなつむこが　たちどまるべく

訳　降りこね＝降って来てくれ。立ちどまるべく＝立ちどまってくれるように。以前作った歌を手直しして載せています。

山陰の槇の板屋に　雨も降り来ね
さすたけの君が暫しと立ちどまるべく
山陰の槇の板屋に　雨も降り来ね
この岡に秋菜摘む子が立ちどまるべく
山陰の槇の板屋に音はせねど
雪の降る日は空に知れけり
山陰の槇の板屋に音はせねど
雪の降る夜は寒くこそあれ
山陰の槇の板屋に音はせねど
ひさかたの雪の降る夜は著くぞありける
（著《しる》く＝気配）

「短歌を詠むには師匠はいらぬ。真似をしながらうまくなる」という狂歌がありますが、良寛も最初から歌がうまかった訳ではありません。初めは道元の「道詠集」の真似をし、新古今を真似し、万葉を真似しながら良寛独自のものになっていったのです。良寛は一時期、万葉調だと言われた時期がありました。

だから、まず、良いと思った歌を真似する事です。歌作りはまず真似すること。学ぶとは、まねぶから来た言葉です。次に、それを推敲する事です。良寛の「やまかげの」を見てください。おそらく下書きはこの何倍もあったでしょう。そうやってうまく独自のものにしていったのです。

途中で絶対投げ出さない事です。

左一がみまかりしおり
このさとに　ゆききのひとは
さわにあれども　さすたけの
きみしなければ　さびしかりけり

訳　佐一は最も心を許した友です。与板の里で行ったり来たりする人は沢に（沢山）おられるが、あなたが居られないと寂しいものだなあ。

新春（生け花）

そう言えば、木村家のおばーちゃまが、負け犬とは最後になった人をいうのでなく、途中で投げ出した人だと。

歌集「久賀美」

久賀美はいつ頃？

鉢の子のうた
鉢の子は　愛《は》しきものなり
うつしみの　家出（出家）せしより
あらたまの　年のを永く
持たりしを
今日他所に　忘れしくれば
たつらくの　たどき（立つ）もしらず
おるらくの　すべをもしらず
かりこもの　思ひ乱れて
ゆふづつの　かゆきかくゆき（あちらこちら）
あしひきの　山辺を越へて
たまぼこの　みちのくま（角《すみ》）ぐま
くまもおちず
とめていなむと　おもいしおりに
ここにありとて　我がもとに
ひとはもてきぬ
うめ《れ》しくも　もてくるものか
よろしなべ　もちくるものか
その鉢の子を
はちのこを　わがわするれども
とるひとはなし　とるひとはなし
はちのこあはれ

訳　出家した頃からの鉢の子ですから、自分の分身みたいだったでしょう。それが無くなって、居ても立ってもいられないその様子、細やかですねー。そして、人が持って来てくれた。ああ有り難い。しかし、鉢の子は哀れだなー。

塩の入りの坂を治《はる》と聞いて
越の浦　角田の海女の
朝凪ぎに　集ひて汲む
夕凪ぎに　集《こ》りて焼くてふ（という）
塩の入りの　坂はかしこし（恐ろしい）

うへみれば　目にもおよばず（届かず）
したみれば　たま（魂）もけ（消える）ぬべし
千里ゆく　駒もすすまず
みそらゆく　くももはばかる
そのさかを　よけくやすけく
たへらけく　はりけむひととは
いかなるや　ひとにませかも
ちはやふる　かみの法（のり）かも
みほとけの　つかはせるかも
ぬばたまの　よるのゆめかも
うつつかも　かにもかくにも
言はむすべしらに
しほのりの　さかにむかへて
ちたび（千回）おがまむ（拝みます）

訳　文政十一年（良寛七十一歳）与板藩の計画で与板、荒巻の人たちが坂を大改築した。その時に有り難くて詠んだ歌です。貞心や弟由之が島崎に来やすくなっただけでなく、良寛自身も与板に出やすくなったのです。この歌から、「久賀美」の歌集がこの頃に出来た事が分かります。

しほのり坂

歌集「久賀美」花に涙を

久賀美（歌集）の終わりになりました。

雪のふりし朝　天神《あまかみ》の宮に
詣でてて　詠める
このみやの　みやのみさかに
いでたてば　みゆきふりけり
いつかしがへに（神々しい）

密蔵院におりしとき
よあくれば　もりのしたいほ
からすなく　けふもうきよの
ひとのかずかも

おなしおり
おおとのの　もりのこしたを
きよめつつ　きのふもけふも
くらしつるかも

密蔵院をいでしおりに
ゑにしあらば　またもすみなむ
おほとのの　もりのし（た）いほ
いたくあらすな

ゆきのふりしあした
しらゆきは　いくへもつもれ
つもらねばとて　たまぼこの
みちふみわけて　きみがこなくに

このゆふべ　あききはぬらし
わがやどの　くさむらごとに
むしのこえする

訳　良寛は木村家草庵にいた頃、二回密蔵院に住んでいます。ここにでて来た密蔵院の歌は貞心と逢う以前のものでしょう。

昔の友だちの家に
行きて詠める
なにごとも　みなむかしのとぞ
なりにける　はなになみだを
そそぐけふかも

籠に飼へし鳥を見て　詠める
あしひきの　みやまのしげみ
こひつらし　われもむかしの
おもほゆらくに

沙門良寛書

訳　「久賀美」の最後は、昔の友達を思い出し、寂しいなー。誰もいなくなった。あれもこれも皆昔のことになったと、しみじみ感じています。そしてお墓の前の花に涙を流しています。

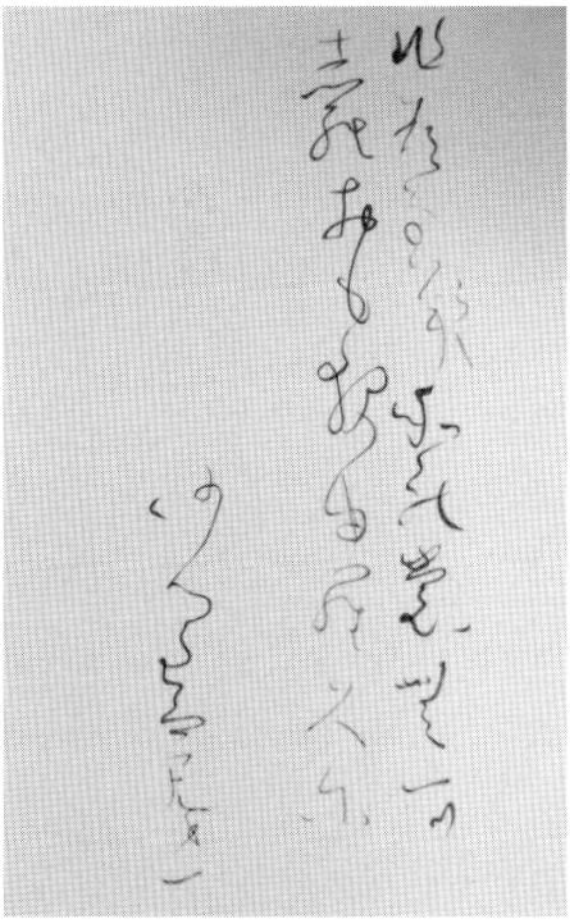

久賀美の最後

最後は籠の鳥に山の茂みが恋しいかと、自分を重ねて、おもほゆらくに＝昔を慕って思いだしています。

「久賀美」は文政十二年完成。次の「いやひこ和歌集」がもう始まっています。

上の上を目指して

文政十年、貞心尼と良寛が運命的な出会いを果たした年でしたね。

「久賀美」の編纂が半ば終わりました。「いやひこ和歌集」の構想に手をつけ、「法華賛」の構想にも着手していたでしょうね。この企画に関しては密蔵院で十分練られていたのでしょう。暇を見つけては、それらに着手していました。

ここが私達が真似しなくてはならない所です。死ぬま際まで挑戦するという根性を、意欲を、目標をです。幾つになっても「上を上を」です。

良寛は、自分が亡くなる前に、木村家草庵にいる間に、それらの完成をさせたいと考えたようです。

木村家草庵に戻りましょう。

貞心尼が木村家草庵を去る時に、こんな歌を残して別れています。

たちかへり　またもとひこむ
たまぼこの　みちのしばくさ
たどりたどり　　貞心

立ち帰って「またも訪い来ん玉ぼこの道を」と言えば、

またも来よ　しばのいほりを
いとはずば　すすきおばなの
露を分けわけ　良寛

こころさへ　かはらざりせば
はふつたの　たえずむかはむ
ちよもやちよも　良寛

ああ、良いとも良いとも。こんな庵で良かったらいつでもいらっしゃい。待っているからね。

古希を迎えた良寛が、三十路を迎えたばかりの貞心を目の前にして、心が千代も八千代もと燃え上がって行くのです。

とうとうこの日は一睡もしなく語りあかして別れます。

しばらくして、秋の終わりになっても貞心尼にはやって来ません。とうとう良寛はしびれを切らして自分の方から便りを出します。

ほどへて御消息たまはりけるなかに
（間もなく消息便りをくださった中に）
きみやわする　みちやかくるる
このごろは　まてどくらせど
おとづれのなき　良寛

あなたが私の事を忘れたのか、草が余り生い茂って道が隠れてしまったのか、近頃はあなたのことばかり、どうしたんだろうと、待って暮らしていますが、何も知らせがなく、いらいらしています。

貞心尼

ことしげき　むぐらのいほに
とじられて　みをばこころに
まかせざりけり　貞心

忙しくて庵に閉じこもってます、身も心も自由になりません、ときました。

唱和の妙

良寛は貞心に逢いたくて逢いたくて、どうしょうもない時のやり取りを歌でやっていますがその妙を読みとってみましょう。

前の項に続いて、

みをすてて　よをすくふひとも
ますものを　くさのいほりに
ひまもとむとは　良寛

我が身を捧げて世の中の苦しむ人を救う人がおられるというのに、家の中でする事もなく、時を過ごしているとは　何ともったいないことだ。仏に仕える身になった人が草庵で暇を持て余すとは何事ですか、もっと修行しなさい。勉強しなさい。仏様はみていらっしゃいますよ。

やまのはの　つきはさやかに
てらせども　まだはれやらぬ
みねのうすぐも　貞心

千代も八千代もお話をしていたいと言ったんですが、お逢いするふんぎりがつきません。

ひさかたの　つきのひかりの
きよければ　てらしぬきけり
からもやまとも　むかしもいまも
うそもまことも　良寛

お月さまの光は真実を照らしていらっしゃいますよ。間違った事をしなければ、正しく、清く照らしてくれますよ。

はれやらぬ　峰のうすぐも
たちさりて　のちのひかりと
おもはずやきみ　良寛

月の光に分け隔てなく、照らされています。
もう迷いはありません。
これでこの年は暮れて行きます。
文政十一年の春になりました。貞心が消息が知りたくて手紙を出します。

おのづから　ふゆのひかずの
くれゆけば　まつともなしに
はるはきにけり　　貞心

われもひとも　うそもまことも
へだて尺なく　てらしぬきける
つきのさやけき　　貞心

さめぬれば　やみもひかりも
なかりけり　ゆめじをてらす
ありあけのつき　　貞心

サー、こんな手紙が来ました。夢から覚めました。有明の月が私の迷いを、ずーっと照らし続けてくれたのです。

貞心尼の思い

貞心が私を何とかしてください。と言っているようですよ。どうします。

法《ほう》爾《に》

文政十一年の春。法爾将に法爾です。自然と法のままになる事を法爾と言うんだそうです。

天が下にみつる玉より
黄金より春の初めの
君がおとずれ　　　良寛

良くもマー、このような気持ちを面と向かって言えたものですね。考えに考えて作ったものでしょうが、顔から火が出ます…。

良寛がどんなに嬉しかったかが、分かります。

そして、法弟にさせてもらいました。弟子になったからには、何事も「自然《じねん》法爾《ほうに》」に生きること、仏法によって人を救おう。「法爾」有りのままの姿が、真理に則るように生きましょう。このことを改めて「霊山《りょうざん》」で修業したと言われるお釈迦様が「法華経」を説いた地に向かって誓いあうのです。

この「自然」「法爾」は与板の蓮照寺に残っています。

てにさわる　ものこそなけれ
のりのみち　それがさながら
それにありせば　　良寛

自分の心の中にこそ法の道はあるんですからね。あんたがそう思えばそうだという事ですよ。

はるかぜに　みやまのゆきは
とけぬれど　いわまによどむ
たにがわのみず　　　貞心

と問えば

みやまべの　みゆきとけなば
たにがわの　よどめるみずは
あらじとぞおもふ　良寛

と答え。次のように問えば、

いずくより　はるはこしぞと
たずぬれば　こたえぬはなに
うぐいすのなく　良寛

花無心招蝶　花は無心に蝶を招く
蝶無心尋花　蝶は無心に花を尋ね
花開時蝶来　花開く時、蝶来り
蝶来時花開　蝶来たる時、花開く
吾亦不知人　吾も亦人を知らず
人亦不知吾　人も亦吾を知らず
不知従帝則　知らずして帝の則に従う
（良寛詩、仏徳の偉大さ）

きみなくば　ちたびももたび
かぞうとも　とうずつとうを
ももとしらじを　貞心

良寛様ありがとう。当たり前なことですが、十ずつ、十集めると百となるって改めて知りました。

いざさらば　われもやみなん
ここのまり　十ずつ十を
ももとしりなば　良寛

今日はこれくらいにしよう。

霊山のちぎり

二人が師弟の関係になって「自然・法爾」を誓い合いました。

いざさらば　たちかえらむといふに
霊山の　しゃかのみまへに
ちぎりてし　ことなわすれそ
よはへだつとも　　良寛

霊山とは、お釈迦様が「法華経」を説いた地。その前でうそを言ってはならない。例え、死んでもというのです。すると、

霊山の　しゃかのみまへに
ちぎりてし　ことなわすれじ
よはへだつとも　　貞心

「はい」誓います。この世だけでなく、あの世に行っても忘れる事はありません。

軽々しく言葉を口に出してはなりません。十分吟味して話しなさい。声には抑揚や響き、思っている事と言う事が違う場合がありますから、十分考えて話さなければなりません。「そじ」の違うだけですが随分の違いのある事に気がつきますね。

そこでまた念を押すのです。

かりそめの　こととなおもひそ
このことば　ことのはのみと
おもほすなきみ　　良寛

かりそめの言葉ではありません。この言葉とは自然法爾のことを、言葉だけと考えないで、修業で実践しましょう。

さあそれではお暇《いとま》します。

いざさらば　さきくてませよ
ほととぎす　しばなくころは
またもきてみむ　　貞心

ほととぎすが、しきりに鳴く頃にまた来ましょう。それまではお変わりありませんように。

うきぐもの　みにしありせば
ほととぎす　しばなくころは
　いずこにまたむ　　良寛

あきはぎの　はなさくころは
きてみませ　いのちまたくば
ともにかざさむ　　良寛

秋萩の花咲く頃

浮雲の身だからほととぎすが鳴く頃は何処にいるかのう。秋萩の咲く頃来てみなされや、元気なら一緒に遊びましょう、と言って、その日は別れるのでした。

大蔵経に感涙

この年は良寛にとって感動の多い年でした。私達は年を取るに従って、無気力・無感動になるものです。桜が咲いて感動。花びらがひらひら散って感動。花吹雪に感動。水面に散って花筏に感動。仰ぎ見る花吹雪に感動。しべ桜に感動。…物を良く見つめ、想像力を働かせ、感動を見つける努力をしたいものです。

木村家十一代元右衛門が、兄の遺志を受け継いで、艱難辛苦のあげく隆泉寺に大蔵経を寄進することができたのです。

良寛はその話を聞くと、涙を流して感動したといいます。

木村家はもともと隆泉寺の檀家でした。能登の国（能登半島）から移住して来たというのです。屋号を「能登屋」といって代々、隆泉寺の熱心な信奉者でもありました。

隆泉寺お御堂前の大蔵経を納めた蔵と蔵経記（碑）

十代元右衛門は、死を前に弟の利蔵と周蔵を枕元へ呼んでこう言うのです。

「弟よ、良く聞いてくれ、俺の子、周蔵は未だ十二歳、成人になっていない。そこで、お前が十一代元右衛門として俺の後を継いでくれ。そして、周蔵を立派に育て、お前の後の十二代として、後を継げるように育ててくれ」

「それともう一つ、大切な頼みがあるんだが、聞いてくれないか。かねてからお前にも話をしている通り、隆泉寺様への『大蔵経』寄進の事じゃが、俺なりに懸命に頑張って来たが、お金が足りなくて寄進ができない。俺の遺志を継いでお前から頑張って貰って、『大蔵経』を寄進してくれ。頼むぞ」

と言い残し、亡くなってしまいました。

利蔵は、兄に負けず劣らずの隆泉寺の信奉者でしたので、決意を新たに仕事に精を出し、倹約に努力をするのでした。

「大蔵経」は「一切経」とも呼ばれ、お釈迦様が説いた経・律・論の三蔵の経典の総称の事である。もしお金があるんなら、どこのお寺でも求めたいと願っている有り難い「お経」なのです。

ところが、何処にそれがあって、その代金はいくらで、どうやって運んだら良いのか、持ってきたら何処にどうやって置くのか。それは、現代のお金にすると何千万円と言う金額です。それでもいつかは俺の手で寄付してやろうと懸命な毎日でした。

喜んでください。大願成就の日が来ました。良寛が木村家に来て、文政十一年四月のある日のことでした。

その話を聞いた良寛、涙を流して「良くやってくださった」と随喜したのでした。

蔵経記

兄弟の艱難辛苦を、代々にわたって知らしめたほうが良い。だから今の話を残しておこう。

「私が蔵経記を書いてあげよう」

と、次のように謹書するのでした。

我兄終焉夕　密召我懇懃属曰　我有夙願慾建
立一大蔵経　奈何家貧而不能遂　所憾者唯是耳
願尓継我志成之　言了奄然逝矣　自尓以来戦戦
兢兢如臨深淵　如踏薄氷　今茲文政十一戊子年
夏四月　得果所願実如脱重擔　然而毎思疇昔事
悲喜交集　涕涙殆至霑襟　主人以其事語余　且
求記之　因援囚秃筆以述之尓　願主能登屋元右
工門　沙門良寛謹書

碑と碑文

訳

我が兄　終焉《しゅうえん》の夕べ　密かに我を召して慇《いん》懃《ぎん》に属《しょく》して曰《いわく》　我れに夙願《しゅくがん》有り　一大蔵経を建立《こんりゅう》せんと慾す

奈何《いかに》せん　家貧《ひん》にしてと遂ぐること不能《あたわず》憾《うらむ》所の者は唯《ただ》是のみ　願わくは尓《なんじ》我が志を継ぎて之を成せよと　言い了りて奄然《えんぜん》と逝きたり　自尓以来（それいらい）戦戦《せんせん》兢兢《きょうきょう》如《ごとく》臨《のぞむ》深淵《しんえん》を　如踏む薄氷を

今、茲《ここ》に文政十一年戊子年夏四月　所願を果すことを得て　実に重《おも》擔《に》を脱《だっす》が如し然而《しこうして》　疇昔《ちゅうせき》の事を思う毎《ごと》悲《ひ》喜《き》　交《こもごも》集まりて　涕涙《ているい》殆《ほとんど》襟を霑《うるお》すに至る。　主人、其事を以《もっ》て余に語り　且之を記すことを求む。因《よ》って禿筆《とくひつ》をと援って之を述べる

願主《がんしゅ》能登屋元右エ門　沙門良寛謹書

これは杉板に書かれています。

さて二代に渡って節約をした結果。所願を果たした事業は一体どれくらいの値段だったのでしょう。

経本六千七百七十一巻。代金が百五十両、京都からの運賃が四十貫二百三十一文、それに、経本を納める蔵を作っていますから…。

今のお金に直しますと一両は十八万円。十貫が一両ですので、計算してみてください。凄いお金ですなあ。

もう一つの大蔵経

そう言えば、与板の徳昌寺の大蔵経は、皆揃ったのでしょうか。良寛は維馨尼が、虎斑和尚の意を汲んで江戸まで寄進集めに行きましたね。

正月十六日夜
春夜二三更　春夜《しゅんや》二三更《にさんこう》
等間出柴門　等間《とうかん》柴門《さいもん》を出《い》ず
徽雪覆松杉　徽雪《びせつ》松杉《しょうさん》を覆う
孤月上層巒　孤月《こげつ》層巒《そうらん》にのぼ上る
思人山河遠　人を思えば山河遠《とお》く
含翰思万端　翰《かん》を含めば思い万端《ばんたん》

正月十六日、春の真夜中、庵の外に出て見た。雪がかかる松や杉を覆っていた。月が重なり合った山々の上に上っていた。遥か遠く山河を越え、江戸にいるあなたの志を思うと、想いが溢れ筆が進まない、というのです。

「春夜二三更」の碑

維馨尼は徳昌寺の虎斑《こはん》和尚の一切経を購うため江戸に浄財を勧進して回っているのです。良寛は維馨尼の志を思うと眠れなかったのでしょう。夜中にふらりと庵の外に出て詠んだのがこの歌です。

今は文政十一年、とっくに浄財は集まっていると思ったのに、木村家の蔵に入っていたのです。「某の禅師」集めたまう「み経」の、すでに滅びむとするを良寛は嘆いて、次の歌を読んでいます。

あしびきの
西の山びに　近き日を
招きて返す　人も有らぬか

散りぢりになろうとする一切経を持ち主に返してやろうとする人は居ないのだろうか。その「み経、大蔵経」が分散している。良寛は、心を痛めています。「み経」の再び「み寺」帰るよう良寛は十一代元右衛門と話し合いました。懇願する、要請する、諭す。良寛はどんな話しぶりだったのでしょうか。間もなく次の歌が生まれました。

あさもよし
君が心の誠ゆも
経はみ寺に　帰るなりけり

朝もよしは、君の枕詞。元右衛門さん有り難う。あなたの真心から、尊いみ経がお寺に返してもらう。何と有り難い事か。

一部が木村家にあった物が、良寛の熱意により「某禅師」に返され、「一切経」が無事そろいました。元右衛門は自分から進んで、お返ししたのです。

大蔵経がお寺に帰ることができ、良寛もさぞ胸をなでおろした事でしょう。

没落をとめられず

良寛の弟。由之は良寛より四歳年下でした。良寛が家を飛び出し出家したのでその後を継いで名主となったのです。

父、以南の妻が亡くなるなど、あいつぐ不幸が山本家をおそっています。以南が京都の桂川で入水自殺をします。

そめいろの　山をしるしに　立て置けば
我がなきあとは　いづら昔ぞ

と、辞世の句を残しています。この時、良寛は三十八歳でした。法要の出席は良寛、由之・やす夫婦、円明院住職宥澄、香でした。

この事件が良寛の帰国のきっかけになったといわれています。

その後、香は詩才が認められて宮廷に上がったが、周囲からの妬みをかい、父と同じ桂川に身を投ずるのです。

その後、円明院住職宥澄が病気で亡くなり、男兄弟は由之と二人になってしまった。寂しいものですね。

由之は、家督を継ぎ十三代目となった。が、由之も歌人でした。国文学者大村光枝に交わり、号を巣守と称しました。

由之には、名主が性に合わなかったんでしょうか、新興して来た京屋に佐渡金山からの御用船難破事件からなめられ、それまで、橘屋の近くにあった代官所が、尼瀬の京屋が画策して自分が支配する事になったりで、京屋との争いや町民との折り合い等で失敗続きでした。

五十三歳の時、決定的な事件が起きました。

上納金横領事件です。由之が農民から買請米代金の二百両を農民の為に使いこんでしまったというのです。これが裏目に出て、とうとうちが明かなくて、水原奉行所に訴えられたのです。結果は横領罪、判決は家財没収の上、所払い、出雲崎に住めないこと、となってしまったのです。

　由之は長男馬之助とも縁を切りました。そして石地に住んだり、蝦夷地まで放浪生活をしたりしたが、終わりは、父の実家でもある与板の中町に「松下庵」を結んだのです。

　女姉妹の「たか」の嫁ぎ先出雲崎の高島家も、連座制で町年寄格を失脚してしまったのです。その苦労がもとで、たかは、二年後四十四歳で亡くなってしまいました。

　良寛は実家の没落していく様を、手をこまねいて見ているだけでした。

　良寛は、自分が飛び出したばかりに、由之に苦労をかけた想いもあってか、そんな関係で由之とは、とても仲が良かった。どちらも家を飛び出し境遇も同じ僧侶の一人住まい。歌の上でも、どちらも尊敬していました。

弟由之の庵跡（与板）

塩之入《しほのり》の坂、大改修

この年、文政十一年。与板藩主の命により、しほのり坂の大改良が行われた。
良寛は、与板に父の実家があった縁で友だちも多く、しほのりの坂をしょっちゅう行き来をし、また歌もたくさん残しています。

越の国、角田の浦の乙女らが、朝凪《なぎ》に相呼びて汲み、夕凪に集《こ》りて焼くちう「しほのり」の坂は恐《かしこ》し、上見れば目にも及ばず、下見れば魂《たま》も消ぬべし。千里行く駒も進まず、み空行く雲も憚《はばか》るその坂を、よけく安けく平けく、墾《は》りけむ主はいかなるや、人にませかも、ちはやふる神の詔《のり》かもみ仏の遣《つか》はせるかも、ぬばたまの夜の夢かも、おつつかも、かにもかくにも言はむ術《すべ》、せむすべ知らに、しほのりの坂にむかひて千度拝《おろが》む

改修後の歌と碑

長歌の調子を味わってください。また、「長歌」が万葉以後、途絶えていたのを復活させたのは良寛です。
良寛は早速筆を執りました。
大改修によって、楽になったとはいえ大変な坂には間違いありませんが、この坂を通る者は大喜びして、次のように詠むのです。

しほのりの
さかはなのみに　なりにけり
ゆくひとしぬべ
よろずよまでに

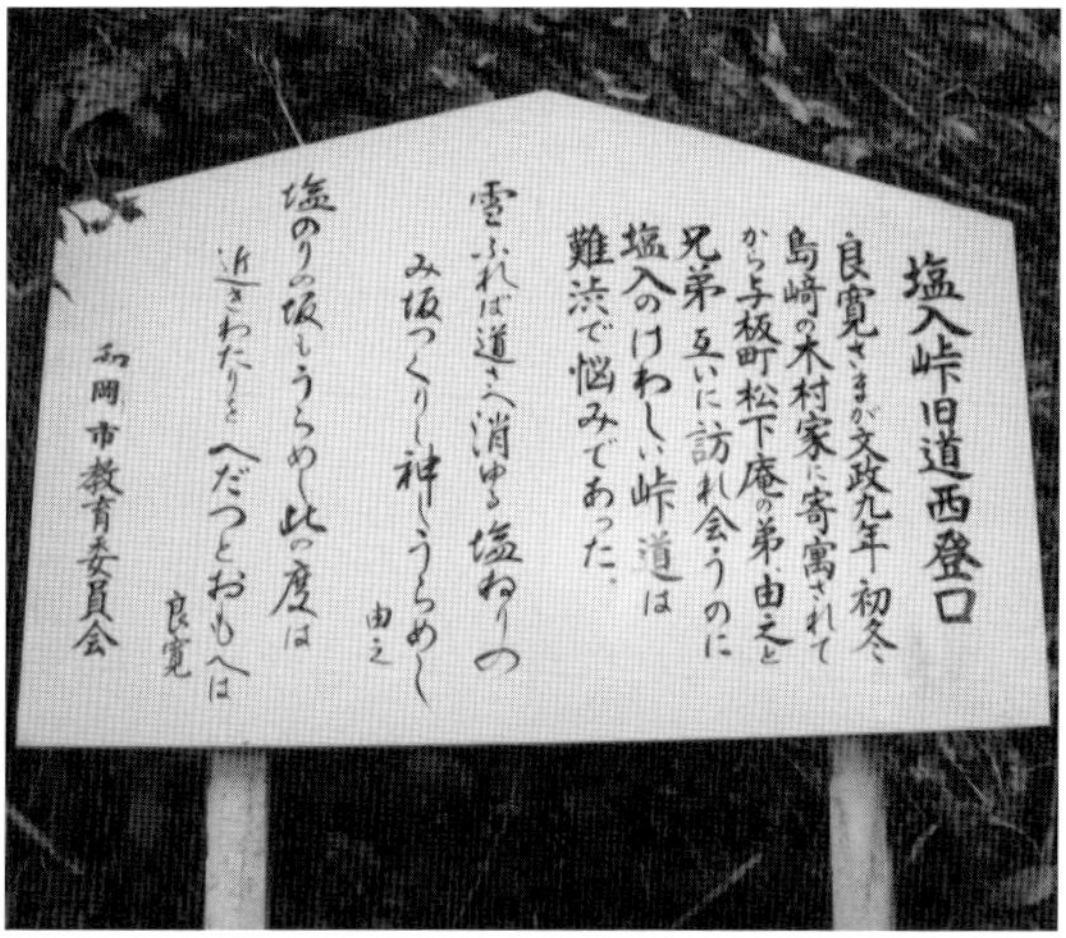

旧道登り口

以前、

雪降れば、道さえ消ゆる
塩ねりのみ坂つくりし
神しうらめし

早速由之には便りをするのです。

しほのりの坂はこの頃
墾《ほ》りにけりてふ　あづさゆみ
春に成りなば　越えて来よ君

蓮の うてな

良寛と由之の唱和。

貞心尼と良寛が「霊山の誓いを忘れないように」と別れてから間もなく、由之から布団が送られて来ました。

早速二人の唱和が始まります。

御はらからなる由之翁の元より
しとね（布団）奉るとて

御はらから（兄弟）なる、「由之翁」と崇《あが》めていますね。お互いに敬いあう素敵な仲なんです。歌に題までつけていますよ。

歌を添えて寒くなって来る頃なので布団を送ってくれたのでしょう。

ごくらくの
はちすのはなのはなびらに
よそひてみませ
あさてこふすま　　由之
（身につけてみなさい布団と寝巻）

極楽の蓮の花の花びらのような布団を身につけてごらんなさい。

すると、良寛は、

ごくらくの
はちすのはなのはなびらを
われにくようす
きみがじんつう
良寛

おうおう冬を迎えて俺が丁度ほしいなあと思っている布団を我に、供養、くださるなんて、心が読める神通力でもお持ちなんですね。布団を送ってくれたんですなあ。

ありがとう。

それでは、身につけたり、上にあがったりしてみましょう。

ごくらくの
はちすのうてなてにとりて
われにおくるは
きみがじんつう
良寛

極楽の蓮の花の絵柄が書いてあったのでしょうか、布団に寝るという事を極楽の大座に寝る事に例えています。「じんつう」とは、神通力でお見通しという事でしょうか。冬に向かう頃涙が出るほど嬉しいものだ。

いざさらば
はちすのうえにうちのらむ
よしやかはずと
ひとはみるとも
良寛

それではさっそく（いざさらば）、蓮の上に乗って見ましょう。極楽の池で、蓮の花が咲いている池で、泳いでみる事にしよう。人が蛙みたいと言ったって好いじゃないか。極楽の絵柄の布団にくるまって寝る。こんな有り難い、嬉しい事がありましょうか。

このはしゃぎようから見ると、よっぽど嬉しかったんですね。

災難よけの妙法

地震はまことに恐ろしい。

　文政十一年十一月十二日午前八時頃、世にいう三条地震が起こった（栄町が震源）。倒壊家屋一万三千百余棟、半壊八千三百棟、焼失家屋千二百余棟、死者千六百四十余人、怪我人、数知れずという未曾有の大災害でした。

　良寛は、まず身の回り、親戚知人の安全を確かめ、その日のうちに三条に出向いています。

　全壊した我が家を見て呆然としている家族、わが子を呼び求めている母親、ガレキの中から遺体を抱き上げている父親、累々と横たわっている死体、燃え盛る炎に向かって大声を上げおろおろしている老人、等々。

　良寛は以前托鉢で回った家々、子供と遊んだ神社やお寺。まさに地獄絵の惨状を目の当たりにし呆然とするのです。

帰るとすぐに、与板の山田杜皐宛に手紙を出します。最も知られている手紙ではないでしょうか。

地志んは信《まこと》耳《に》
大変尓《に》候　野僧草庵ハ《は》
何事なく　親るい中
死人もなく　めで度存《たくぞんじ》候
うちつけ耳志《し》奈《な》ば
志奈春《ず》て奈《な》可《か》らへて
加《か》々《か》るう起めを見る
が者《は》び之《し》き
志可し災難耳逢《あう》
時節《じせつ》尓波災難尓
逢可《か》よく候　死ぬ時節
に者《は》死ぬ可よく候
是ハこ礼《れ》災難をのがるる
妙法《みょうほう》耳て候
かしこ
良寛
臘八《ろうはち》
山田杜皐　与板　良寛

うちつけ耳《に》＝突然、いきなり。う起め＝憂き目、つらい、悲しい。臘八＝十二月八日

皆さんは、こんな手紙もらったらどんな気分になりますか。

三条大地震の詩

死ぬ時節には死ぬがよく候と、このような手紙を震災の時にもらったら大変なことになるだろうと思いますが…。

うちつけ耳《に》志《し》奈《な》ば
志奈春《ず》て奈《な》可《か》らへて
加々《かか》るう起めを見る
が者《は》びしき
志可し災難耳逢《あう》
時節《じせつ》尓波災難尓
逢可《か》よく候　死ぬ時節
に者《は》死ぬ可よく候
是ハこ礼《れ》災難をのがるる
妙法《みょうほう》耳て候

俺は、地震の時に死ねばこのような悲惨な思いをせずに済んだのに、生きながらえたばかりに、こんな辛い思いをするんだ、と。

良寛は木村家草庵に来る前の三十年は、どんなに苦しくとも、辛くとも独りで耐えて来たのです。

冬の寒さにじっと耐えていると楽しい春がやって来る。また夏の暑さや「藪蚊」に耐え、乗り越えると、やがて、虫の声、山のもみじがやって来る。苦しさ辛さを越えた先には楽しさが待っていたのに、この地震はどうですか。目を覆うばかりの地獄が待っていたのです。

災難耳逢《あう》時節《じせつ》尓波災難尓逢可《か》よく候　死ぬ時
節に者《は》死ぬ可よく候

という死生観、自然観が生まれたのでしょう。

花無心招蝶　**花は無心に蝶を招く**
蝶無心尋花　**蝶は無心に花を尋ね**
花開時蝶来　**花開く時、蝶来り**
蝶来時花開　**蝶来たる時、花開く**
吾亦不知人　**吾も亦人を知らず**
人亦不知吾　**人も亦吾を知らず**
不知従帝則　**知らずして帝の則に従う**

以前載せた、

吾亦不知人
人亦不知吾
不知従帝則

蝶は花を求め、無心の花に蝶がやって来る。人の出会いも同じ。知らない同士が出会っても、結局、「出会う」「出会わぬ」は「帝則に従う」のだという事でしょうか。

地震が起こる起こらないを知っているのは「帝・天」であり、自然である。その自然に身を任せるのが、災難を逃れる一番良い方法だというのでしょう。

是ハこ礼《れ》災難をのがるる妙法《みょうほう》耳て候

良寛って凄い人ですねー。

地震後の詩

良寛は三条地震で目の当たりにした事をいくつかの詩に残していますが、ここでは一つだけ紹介しておきます。読み方を一段下げて書きました。是非この機会に声を出して読んでみましょう。凄いですよ。

日日日日又日日
　ヒビヒビマタヒビ
日日夜夜寒裂肌
　ヒビヤヤ寒さ肌を裂き
漫天黒雲日色薄
　漫天の黒雲日色薄く
匝地狂風巻雪飛
　ソウ地の狂風　雪を巻いて飛ぶ
悪浪蹴天魚竜漂
　アクロウ天を蹴って魚竜漂う
墻壁鳴動蒼生哀
　ショウ壁鳴動して蒼生カナシム

ここ迄が地震後の余震、

四十年来一回首
　四十年来　一たび回首すれば
世移軽靡信如馳
　世の軽靡《び》に移る　信に馳するが如し
況怙太平人心弛
　いわんや太平を楽しんで人心ゆるみ
邪魔結党競乗之
　邪魔党を結んで　競って之に乗ず
恩義頓亡滅
　恩義とみに亡滅し
忠厚更無知
　忠厚更に知る無し
論利争毫末
　利を論ずれば毫末（目先）を争い

語道徹骨痴
　道を語るに徹骨（徹底する）に痴とする
慢己欺人称好手
　己におごり人を欺くを好手と称し
上土加泥無了期
　土上に泥を加えて了期無し
大地茫々皆如斯
　大地茫々として皆斯くの如し

世の中の乱れと反省、

我独鬱陶訴阿誰
　我独り鬱陶たるも　だれにか訴えん
凡物自微至顕亦尋常
　すべての物、微より顕に至るは亦尋常
這回災禍尚似遅
　このたびの災禍　尚遅きに似たり
星辰失度何能知
　星辰度を失うこと何ぞよく知らん

歳序無節已多時
　歳序、節無きこと已《す》でに時多し
若得此意須自省
　若しこの意を得ば　すべからく自省せよ
何必怨人咎天效女児
　なんぞ必ずしも人を怨み天を咎めて
　女子供に習ってはなりません

訳を見ながら、何回も詠みましょう

この天災が人心の緩みから起こっているんだと怒りをあらわにしています。

そこで、最後の句。天が与えた罰なんですから、国中の皆さん、よく、よーく、自省してくださいよ。

地震は我々への警鐘

良寛の真骨頂はこれだ、と思いましたね。それでは、まずい訳を披露します。

来る日も、来る日も、又来る日も、毎日毎晩肌を刺すような寒い毎日。空一面の黒い雲で日差しも薄く、激しく吹きつける風が、雪を巻いて吹きすさび、荒れ狂う波は天に届くほどに逆巻き、巨大魚も自由を失い、余震の度に壁が音を立てて鳴き、人々はおびえ悲しむのでした。

四十年此のかた（浅間山の噴火以来）、世の中が贅沢になって行く様は、まことに馬を走らせるような早さである。まして太平な世、人々の気が緩み、邪で鬼のような輩が群れを作り争って之に付け込んだ。そのため、道義はたちどころにすたれ真心とか思いやりはすたれ、儲け話になれば、毛の先ほどの僅かな物でもうばい、人の道を説く者を愚か者とする。そして、我こそは偉いもので、人をだますをやり手だとする。さらに、泥の上に泥を塗って終わる事がない。この世は果てしなく小さく、乱れ切って、皆こんなありさまである。

私一人が心配しても誰に訴えてよいものか。すべて物事は塵も積もって初めてはっきり見えるようになるのが普通である。

この度の災害は人々が招いたもので、なお遅かったといってよい。月や星の運行も乱れているし、四季のめぐりも変わって来たが誰もよくわからん。若しこれらの事を考えたなら、全てが人災である。よくよく考えて反省せよ。決して人を恨んだり、天を恨んだり、女子供のような事をしてはなりません。

詩を読んでみると大きく過去の事。現在の事。未来の事。に分けて書かれているようです。

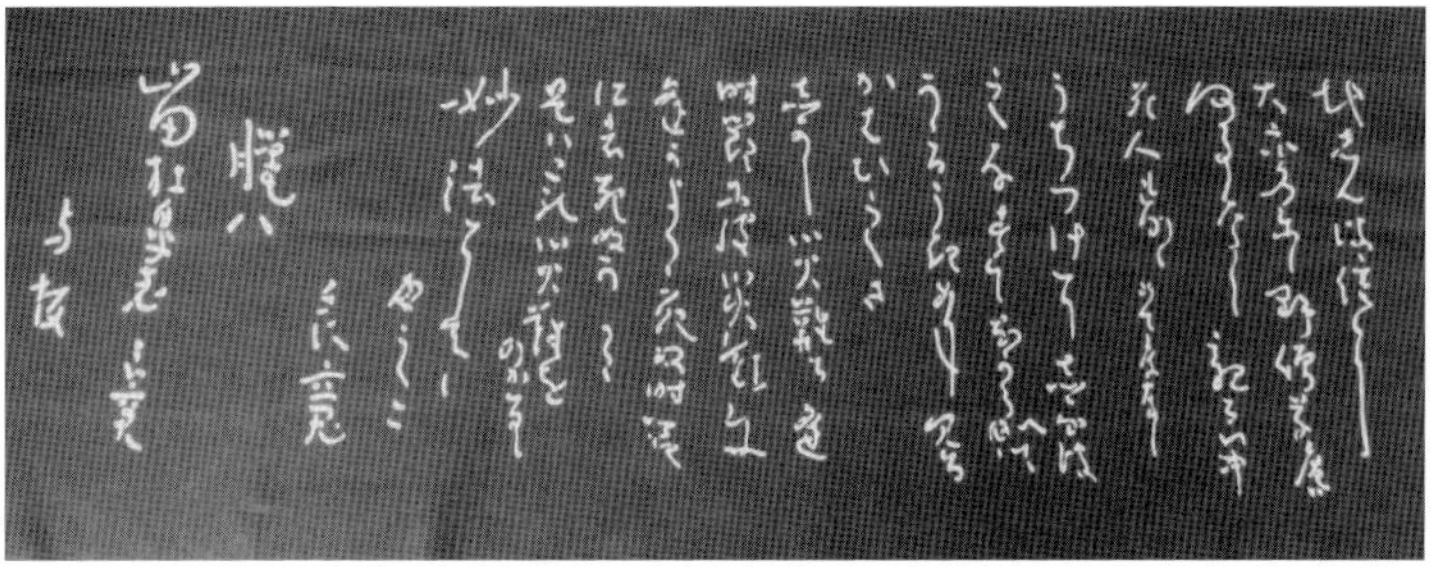

地震は信に…の手拭い

日日日日又日日日と言ってますから余震がかなり続いたのでしょう。三条地震のマグニチュードも七、二とかいうから、中越地震クラスだったのでしょう。

浅間山の噴火で人々は懲りたろうと思ったのに又、気が緩んで贅沢になっている。道義は地に落ち人を騙しての儲け話に、この世は乱れ切っている。私一人が心配してもどうにもならないが、こたびの事は人々が招いた人災に他ならない。

よくよく考えて自省しなされ。人を恨んだり、天を恨んだり、子供のように他人のせいにしては、決してしてはいけません。自分の生き方こそ反省しなさい。天罰だという事を忘れてはいけませんよ。

出雲崎にて

与板の弟由之に宛てた手紙があります。実家の様子を見て懐かしさのあまり書いていています。蛙の声がしきりにするころというのだから、きっと初夏に違いありません。

皆さん万葉仮名が読めたら、どんなにか良寛に近づけるかなー。

由之老　　良寛

古能古呂出雲崎耳天

堂良知祢乃　者ゝ可加多美登
安散由布尓　佐度能志萬部遠
宇知見都留可母

以耳之部爾　加者羅奴毛乃波
安利曽美東　武閑悲爾美遊流
散東能之萬難利

久斜乃以報爾　安之散之能部天
於也萬多能　加者数能己恵遠
起可久之與志毛

良寛

二十二日

訳

由之老　　良寛

この頃出雲崎にて

たらちねの　ははがかたみと
朝夕に　佐渡の島べを
うち見つるかも

いにしへに　変はらぬものは
ありそみと　向かひに見ゆる
佐渡の島なり

草の庵に　足差しのべて
お山田の　かはずの声を

闇かくしよしも

良寛

良寛の母、「秀」は佐渡の相川町の出身で、良寛の父より先に橘家に入り、父、新左衛門(以南)を迎え結婚するのである。

母が亡くなったのは天明三年(一七八三年)四月二十九日であるが、良寛は修行中で葬儀にも帰ってこなかったという。一時帰郷したのは、三回忌だといわれています。

一番の歌、母の形見と歌っていますがどんなにか母に会いたかったのでしょう、

そういえば、ずっと若い頃に詠んだ歌に、

佐渡島の
山は霞の眉ひきて
夕日まばゆき
春の海原　良寛

潮騒を聴いて育った良寛は、母を思う心はひとしおだったのでしょう。

二番の歌がまた好いね。潮騒と佐度の島の山並みだけは何時までも何時までも変わる事はないと詠んでいます。母の面影も何時まで経っても懐かしく残っていますというのです。

三番の歌は木村家に帰って来てからの歌のようです。島崎は田んぼの中にありまして何時でも蛙の声を聴く事ができるが、田植えの頃が一番賑やかに聞こえるのです。

良寛の日常

良寛は島崎の木村家の庵に移ったからといっても「山中独居、只管打坐、托鉢行脚」を忘れたわけではありません。

ただ、乙子神社草庵のような水汲み、薪割り、薪の労が楽になっただけです。勿論、心はいつも「布施、愛語、利行、同事」の精神でした。

曹洞宗の開祖道元の、『正法眼蔵』の中の、生きて行くに大事なこと。四摂法＝「布施、愛語、利行、同事」の事で＝菩薩が衆生と接する時の在り方で、良寛は一生を通じて四摂法を実践した人なのです。

①布施とは＝施しを行う事「財施」「法施」を行う事で、四摂法をやる事が布施であります。

②愛語とは＝和顔愛語の事でいつも和かな笑顔と優しい言葉で人に接する事

愛語ト云ハ　慈愛ノ心ヲオコシ
顧《コ》愛ノ言語ヲホドコスナリ
ホヨソ暴《ボウ》悪ノ言語ナキナリ
赤子ノオモヒヲタクハヘテ
言語スルハ愛語ナリ
現在ノ身命ノ存スルアヒダ
不退転ナラン
愛語ハ愛心ヨリオコル
愛心ハ慈心ヲ種《タネ》子トセリ
愛語ヨク回天ノ力アルコトヲ学スベキナリ

考えて見れば、愛語・戒語は布施行です。

③利行とは＝いつも他人の利益を考え、人の為になる事を心がける

「師余が家に信宿日を重さぬ　上下自ら和睦し　和気家に充ち帰去ると云ども　数日の内人自ら和す」（良寛禅師奇話）

④同事とは＝相手と同じ立場に自分の身を置く事＝子供との遊び等の時、詩も賦してい

たし、歌も詠んだり、子供たちともよく遊んでいたのです。

さてここに一通の手紙が有ります。三条地震の前の事です。良寛に三人の女性がいたと言われた一人、およしさ（山田杜皐の奥さん）に出した手紙（三条地震の前頃）です。

奴乃己一　此度御返申候
左無久奈利奴
以末ハ蛍毛光奈之
己金能水遠多礼可
堂萬者武
蛍
閑難都起（十月）
於与之散　保多留（およしさほたる）
山田屋

（右の手紙の読み下し）
ゆかた　一《ひとつ》お返し申し候
寒くなりぬ
今ハ蛍も光なし
こがねのみずをたれか　たまはむ

良寛行脚

今ハ蛍も光なし　こがねのみずをたれか　たまはむ。およしさ黄金のお酒をくださるのはあんたしかいません。

良寛に、三人の女性がいます。貞心尼、維馨尼、それに、およしと言われています。

どうか頼みます。甘えているように思いませんか。「蛍」というのはおよしさが、夕方になると来てはこがねの水を求めるのでつけた良寛のあだ名です。良寛は、およしさが、あまり口やかましいので「すずめ」というあだ名をつけています。

尋ね合い

文政十年秋の、貞心との別れた後の歌や詩を紹介しましょう。

いつまでもわすれまへぞや長月の
菊の盛りに　たずね逢しを

第一回目の別れの時の歌です。もうじき菊の花が咲くし、その頃また会いましょう、と約束をしたが、貞心尼からは音沙汰がありません。その間に、弟由之から便りが来ました。

あさもよし君が賜ひし小百合根を
植えてさへみし　いやなつかしみ

小百合根をもらったお礼歌で、朝もよし＝君の枕詞。あなたが下さったものがおいしくて食べましたが、少しを植えてみました。あの味はとても懐かしかった、と由之への書簡にあります。

文政十一年の春になりますと、

手を折りてかき数ふれば　あずさゆみ《春の枕詞》
春は半ばに　なりにけらしも

きさらぎ《二月》に雪のひまなく降ることは
たまたま来ます　君やらじとか

春の半ばの二月だというのに雪が絶え間なく降るというのは、思いがけず来られた由之さん、あなたを帰すまいというのであろうか。

陰暦二月、三月、四月を春。
五月、六月、七月を夏。
八月、九月、十月を秋
十一月、十二月、一月を冬と呼んだ。

ちなみに、一月（しょうがつ、むつき）、二月（きさらぎ）、三月（やよい）、四月（うづき）、五月（さつき）、六月（みなづき）、七月（ふみづき、ふづき）、八月（はづき）、九月（ながつき）、十月（かんなづき）、十一月（しもつき）、十二月（しわす）、と言う。

梅の花折りてかざして　いそのかみ《古りのいその枕詞》
古りにしことをしぬびつるかも

眞木山にある医師の鵲斉＝有則。今はもう亡き家を訪ねた時。

昔、そういえば鵲斉と梅の花のえだを襟にかざして、うたげで良く踊ったものだったがなー。もう家は跡かたも亡くなったが…。

そこの上《かみ＝昔は》は酒に浮けつる　梅の花
土に落ちけり　いたづらにして

これも鵲斉の家を訪ねた時の歌で、そういえば昔、盃に梅の花びらを浮かべて呑んだこともあったっけなー。今はむなしく地べたに散ってしまっているが。

いざ子供　山辺に行かむ　菫《すみれ》見に
明日さへ散らば　いかにせむとか

いかにせむとか＝どうしようか。さー子供たちよ。菫見に、山の辺りに行こう。ちょうど見頃だ。明日はしぼんでしまうかもしれない。

菫

良寛の日常の句

夏草の茂りに茂るわが宿は
かりにだにやも　訪う人は無し

梅雨時の草の茂るのは特に早い。こんなしょぼしょぼ降る雨の日は、特に人恋しい。かりにだにやも＝仮に住んでるけれども。誰か訪ねてくれる人はいないかなー。

今年より君が齢を読みてみむ
松の千年を有り数にして

これは義成（寺泊夏戸の住職）の四十歳を祝ってあげた書簡の中にある歌です。
今年からあなたの年を一つ一つ数えて見よう。千年も生きるという松をあなたの生きる数として。

何を持て君が齢をねぎてまし
松も千歳の限りありせば

これは同じ手紙の中にある句で、ねぎて＝祈ること。
何を持ってあなたの年をもっと長く有れと祈ったら良いのでしょう。松の千年と比べて見ましょうか。

夕暮れの丘の松林

心あらば　問わましものを夕暮れの
おかの松の木　幾代経ぬると

もし夕暮れの丘の松の木に心があってお話が出来るなら、どれくらいの年になっているのか聞いてみたいものだ。いろんな事を見聞きしているだろうに。

夕暮れの丘は、大河津分水の川下約一キロに在って、地蔵堂に行くにも三条方面に行くにも途中にある丘なので、帰り道で必ず寄る景色の良い所です。（今は分水路の中にある）

霞立つ永き春日を　此の宿に
梅の花見てけふも暮らしつ

霞がたなびくような永い春の日に、この宿＝木村家の梅の花を見て今日も過ごしていますよ。
霞立つ＝春日の枕詞

かしましと面伏せには言ひしかど
このごろ見ねば　恋しかりけり

これは与板の山田杜皐家＝作り酒屋で良寛が最も親しくさせてもらっている家の奥様、その「およし」の事を詠んだ歌です。面と向かって、口やかましいとは言えないけれど、近頃逢わないでいると、恋しさが募るものだなあ。

水茎の筆紙持たぬ　みぞつらき
昨日はお寺へ　今日はゐ者どの

歌を詠み、詩を賦しても書きつける紙を持たぬ身はほんとに辛いものだ。お寺＝隆泉寺。ゐ者＝桑原医師。いやひこ和歌集を書きつける紙か。次も同じか。

筆持たぬ身は哀れなり　杖突きて
今朝もみ寺の門叩きけり

仏教伝来と正法眼蔵

良寛は『正法眼蔵』を勉強するんですが、それ以前の奈良時代の頃から、世の中を平和にするには、仏教が目的でもあったということは、知っていたでしょう。特に、聖徳太子は仏教を以って日本を治めたいとの想いが強かったとか、全国に国分寺を建立するとかの故事には詳しかったようです。

良寛は、太子の十七条の憲法第一条の「和」の精神について、古事記等でその故事来歴については知っていたでしょう。そして、第二条でそれを広めるには、「三宝」が大切、という事も当然知っていたのです。その三宝とは「仏宝、法宝、僧宝」のことで、

仏法とは、お釈迦様、仏塔や仏像。

法宝とは、お釈迦様の教えや経典。

僧宝とは、教えを実践する人々、修行する人々。

だという事を知っていて、自分（僧の身）はどうしなければならないかを十分考え、実践していたと思われます。だから、平和を保つには三宝を篤く敬いなさいという事です。無論良寛も僧宝の一人であるので、古来から「僧」は敬われる対照であったから、それなりの修行・学問はして来たろうと思います。

だから国仙和尚から印可の偈をもらう時、良や愚の如く…一見愚の様であるが一番優秀である、と言って国仙は、見抜いています。

宗祖道元の正法眼蔵を勉強するには、奈良時代の、まず十善（十悪を善に変える）を行いなさい。

僧であろうとなかろうと人間平和を保つには、皆が守らなければならない基本的な事ですが、特に坊さんは自ら実践しなさい、と大昔から言われて来ているのです。詳しく述べますと、

身善行（体でもって行う）

①殺生　生き物の命を奪う

②偸盗　人から物品を奪う

③邪淫　邪で淫らな行い

口善行（口でもってただす）

④妄語　嘘を言う

⑤両舌　二枚舌で人を惑わす

⑥悪口　悪口を言う

⑦綺語　人を欺く

心善行（心をもって正す）

⑧貪欲　貪りのこころ

⑨瞋恚　怒りの心

⑩愚癡　愚かで誤った考え

この十悪を十善に変える事が大切なのです。

③が時々問題となって物議を醸していますが、良寛は、貞心尼とは決して男女の関係を持たなかったと想像できます。

もう一度『正法眼蔵』に戻って四摂法を見て見ましょう。

心はいつも「布施、愛語、利行、同事」の精神でした。

戒　律

曹洞宗の開祖道元の、『正法眼蔵』の中の、生きて行くに大事なこと。四摂法＝「布施、愛語、利行、同事」の事で＝菩薩が衆生と接する時の在り方で、良寛は一生を通じて四摂法を実践したのです。

特に、良寛は、お百姓や人々に何で応えてあげる事が出来るか。それは感謝や感激の言葉を心から述べて上げる事が一番のお布施と考えたのです。

いやひこ和歌集の夜明け

地震に一段落付けて、いよいよ最後の大作「いやひこ和歌集」です。最晩年。遺言といってもよい歌集です。良寛は「久賀美」の句集を書き終える頃から、「いやひこ和歌集」に取り掛かっています。

みずくきの筆紙持たぬ身ぞつらき
昨日はみ寺に今日は医者どの

良寛は、死がやって来るまで必死になって芸術の完成に生きようとします。当時紙は高価でなかなか手に入りにくかったのです。み寺は隆泉寺。医者どんは、桑原医師だったのでしょう。紙をもらいに行ったのは、「いやひこ和歌集」を残すためだったのでしょうが、一巻、二巻、三巻ともに紙の大きさが違っています。

生きる目標を絶えず持っていて、その目標を貫きながら生きて来たのです。この度も、良寛は和歌集のそれを作っていくのです。

九夏三伏の日（夏の盛り）

吐瀉（はいて）して四支萎ゆ（身体がだるい）

三日飲食を断つ

と、書いています。死の前の夏の事ですから半年前です。特に猛暑だったそうです。

何処消丞炎　何処でこの暑さを凌ごう
独愛出田宮　出田神社が良い
民民盈耳蟬　ミンミンと耳に蟬の声
冷冷出林風　林を吹く風は涼しい

和歌集の纏めに懸命だったのでしょう。由之の子、馬之助や由之が良寛の病気見舞いに来ています。

死がやって来るその時まで頑張る。この生きる姿こそ私達は学びたいものです。

良寛が纏めて書いているものをあげれば、詩集では、「草堂詩集」、「小楷詩集」、「法華賛」、等が有り、歌集では、「ふるさと」、「久賀美」、「いやひこ和歌集」等があります。

「いやひこ和歌集」と正式に名がつけられたのは新潟大学の加藤僖一先生のようです。

木村家では、加藤先生にお願いして調べてもらい、訳してもらいました。まだ、「てい」おばーちゃまが存命でお元気でいらっしゃいました。

先生は第一巻の冒頭の句、「いやひこの　ふもとの…」から「いやひこ和歌集」と名付けられたと聞いています。

門外不出だったのでしょうが、加藤先生に調べてもらい、以前詠んだもので良い歌。新しく作った歌等も入っています。

加藤先生から訳してもらった頃（昭和四十五年頃）、おばーちゃまが、「ああこれで安心してあの世へ行けますて」と言われた「あんど」の顔が忘れられません。

島崎の出田の宮（現在の宇奈具志神社）

「いやひこ和歌集」はお世話になった木村家へのお礼や感謝の意をこめて、良寛自身の遺言のつもりで書いたものと聞いています。

いやひこ和歌集①

さてそれでは、和歌集に触れて見ましょう。

弥彦神社

巻の一

いやひこの
ふもとのこだち　かみさびて
いくよへぬらむ　ちはやふる
かみさびたてり
やまみれば　やまもとふとし
さとみれば　さともゆたけし
あさひの　まぐはしも
ゆうひの　うらくらしも
そこをしも　あやにともしみ
みやはしら　ふとしきたてし
いやひこのかみ

弥彦山の麓の森の木立ちは、神々しくどれほどの年月がたったんだろう。誠に神々しく立っています。山を見ると、山もとうとく、里を見ると里は豊かである。朝日は美しいし、夕日も又素晴らしい。

そういう所にこそ、とても心惹かれて、太い宮柱を立てて作られた弥彦神社だなー。

弥彦神社は弥彦山（六三四米）の麓にある、越後一の神社で、万葉集の歌に出て来ますから、相当古くから、崇められている神社です。

ももなかの
いやひこやまを　いやのぼり
わがのぼれば　たかねには
やくもたなびき
ふもとには　こだちかみさび
おちたぎつ　みおとさやけし
こしじには　やまはあれども
こしじには　みづはあれども
このやまの　いやますたかに
このみづの　たゆることなく
ありかよひ　つかひまつらむ
いやひこのかみ

弥彦山を登りに登って見ると、高嶺には幾重にも雲がたなびき、麓には木立ちが神々しく、落ちたぎる水の音は清々しい。越後の国には山はいくつもあるが、また、越後の国には水はいくらでもあるが、この山のますます高く、この水の絶える事のないように、通い続けてお仕えしましょう。弥彦の神様に、

弥彦神社の大鳥居

いやひこの　もりのかげみち
ふみわけて　われきにけらし
そのかげみちを

弥彦の森影の小道を踏み分け、踏みしめ、私はやって来ました。

いやひこ和歌集②

塩之入り坂

越の国
角田の浦の　乙女らが
朝凪ぎに　相呼びて汲み
夕凪ぎに　凝りて焼くちう
塩之入りの　坂は恐《かしこ》し
上見れば　目にも及ばず
下見れば　魂《たま》も消ぬべし
千里行く　駒も進まず
み空行く　雲も憚かる
その坂を
良けく　安けく　平らけく
墾《は》りけむ主は　いかなるや
人にませかも　ちはやふる
神の　法（のり）かも
み仏の　つかはせるかも
ぬばたまの　夜の夢かも　現実かも
かにもかくにも　言はむすべ
せむすべしらに
塩之入りの　坂にむかひて
ちたびおろがむ（拝みます）

塩之入りの碑

良い歌ですねー。景色が見え、気持ちが分かります。良寛流の、序破急です。塩之入りの「塩」の枕詞的に、越の国から始まって、三行目までを使って「塩之入りを」修飾しています。万葉調から脱却して完全に良寛の「物」長歌になっています。万葉から長歌が復活したのです。
良寛は無一物ですから、社会的弱者を救ってやれない。只一緒になって涙を流してやるだけでした。涙なくして読めぬ詩歌が沢山あります。

わくらば
わくらばに　　　　　たまたま
ひととなれるを　　　人として生まれ
なにすとか　　　　　何故か
あしきやもふに　　　悪い病気に
ほださへて　　　　　とりつかれ
ひるはしみらに　　　昼は一日中
みずどりの　　　　　水鳥の
いきつきくらし　　　吐息で
ぬばたまの　　　　　夜の枕詞
よるはすがらに　　　夜は一晩じゅう
ひとのねる　　　　　人と同じ
やすいはいねず　　　安心した眠り

たらちねの　　　　　母の枕詞
ははがましなば　　　母がおられれば
かきなでて　　　　　撫でてくださって
たらはさましを　　　安心させてくださる
（中　略）
はらからも　　　　　兄弟も
いずちいぬらむ　　　何処かに行って
つれもなく　　　　　奥さんもなく
あれたるやどを　　　荒れたる宿を
うつせみの　　　　　抜け殻のよう
よすがとなせば　　　住みかとすれば
ひとひこそ　　　　　一日
たへもしつらめ　　　耐えられる
ふたひこそ　　　　　二日も
しぬびもすらめ　　　頑張れる
あらたまの　　　　　月日の枕詞
このながきひを　　　この長い月日を
いかにくらさむ　　　どうして暮らそう
あさてこぶすま　　　こんな蒲団だけで

おかの戒語①

　年が明けて文政十二年二月八日　木村家の次女「おかの」が輿入れと決まったのです。(私の家内が、「おかの」のやしゃごでした)

　相手は同じ村の早川家の元服を終えたばかりの平三郎、十五歳。当時おかのは十三歳。まだ可愛いお嬢さんです。当時の結婚は、本人が決める事はほとんどなく、親同士が結婚を決めたものです。といっても「おかの」は十一代元右衛門の子供ではなく、当時勘当されている周三(後の十二代)の子供でした。

　第十一代能登屋元右衛門は、心配で心配でたまりません。当時は十三歳でお嫁に行くなんて事は当たり前ですが、元右衛門にしてみれば、十三歳では嫁に行って務まるかどうか、それが悩みの種でした。おまけに自分の子でなければ、なおさら、躾がなっていないと、言われるんじゃないかと気が気ではありません。心配のあまり、「良寛さん、おかのが嫁に行くことになったが、無事に務まるか心配でたまりません。どうか家庭円満の秘訣を聞かせてやってください」と、お願いしました。良寛の偉さ、徳の高さについては、主人が一番よく知っています。

　良寛に三嫌有り。料理人の料理、書家の書、詩人の詩、だそうだが、それにもまして人にお説教がましい事を言う事を良寛は嫌っていました。

　それでも、主人の再三の頼みに、断りにくかったのでしょう。考えて見る事にしました。皆さんと一緒に考えてみましょう。良寛は貝原益軒の「女大学」を読んだでしょうか。

　幕末世の中の情勢。干ばつ、大水、大火などの災害。村での付き合い方。良寛自身の生き方等…。を考えあわせてみましょう。

　そこで、書いてあげたのが次の八項目です。

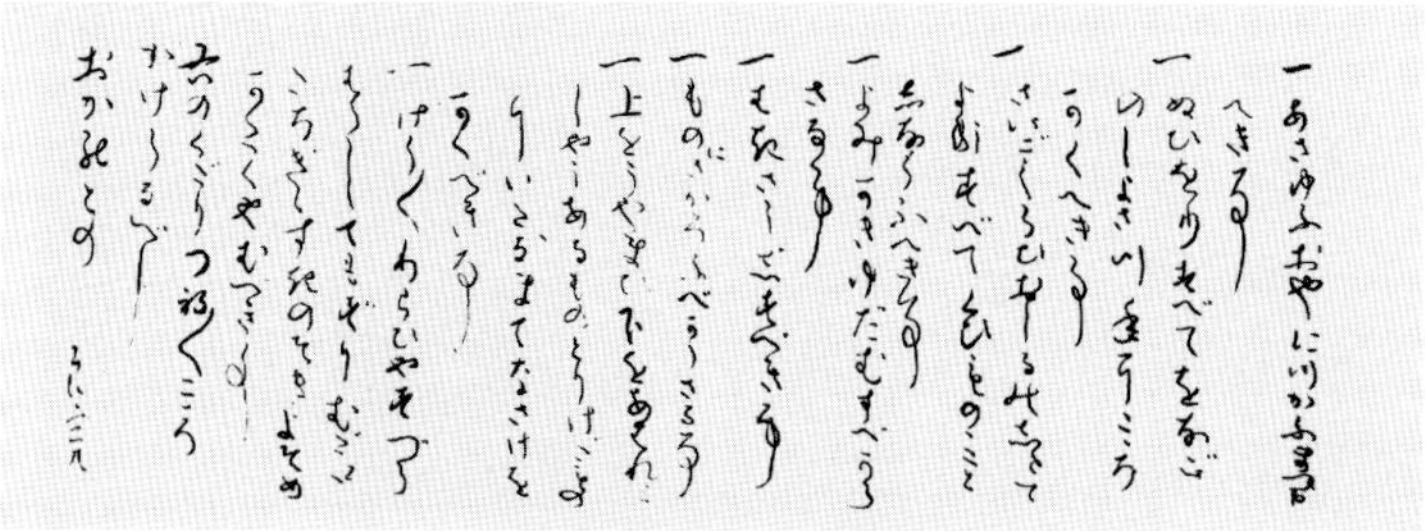

良寛自筆のおかの戒語

一、あさゆふおやにつかふまつるべき事
二、ぬひをりすべてをなごのしよさ
　つねにこころがくべき事
三、さいごしらひ　おしるのしたてよう
　すべてくひもののこと　しならふべき事
四、よみかきゆだむすべからざる事
五、はきさうじすべき事
六、ものにさかろふべからざる事
七、上をうやまひ　下をあはれみ
　しやうあるもの　とりけだものにいたる
　まで　なさけをかくべき事
八、げらげらわらひ　やすづらはらし
　てもずり　むだ口　たちぎき
　すきのぞき　よそめ　かたくやむべき事
右のくだり　つねづねこころがけらるべし

おかのどの　良寛

おかの戒語②

親を大切に

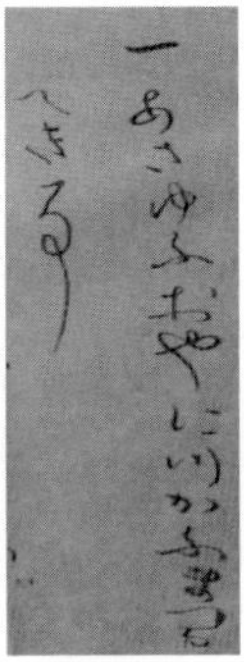

あさゆふおやにつかふまつるべき事

川＝つ。へ＝濁点を付ける。る＝事。伝える事を目的としていますから、ひしひしと伝わって来ます。

（朝夕　親に仕え奉るべき事）

「あさゆふおやに」はっきり力強く書き、「つかふまつる」までが一つの文だから、「まつる」を小さくしても一気に書いています。そして、間をたっぷり取って、穂先をそろえて「べき事」をかいています。斜めにゆれています。

書いたものは後まで残り、「おかの」が良寛さんは、私の為にこれほどまでに、心配して書いてくれたんだ、と分かります。書いて残すという事は、一人歩きをしますから、十年後、百年後の事まで考えて、書いています。

私が木村家にお世話になった時、当主元周さんが、「よーく見なされや、新しい発見があるでのー」。「こころ」と「わざ」。そして気配りだのー。

心が充実し、技に磨きがかかり、出来あがったものが、調和が良く、気品がある事であろう。これを機会に書の鑑賞もしましょう。

朝夕親に仕うまつるべき事。そして、親に愛されなさい。お嫁に行ったら、親孝行を第一にし、親に良い嫁から来てもらったと言われるように懸命に仕えなさい。当時、親の権限は絶対でした。結婚も離婚も親の権限でした。家の「家風」に合わなければ離婚が成立したものです。また、「勘当」といって自分の子どもでさ

えも、家から追放することができました。（周三の勘当のように）

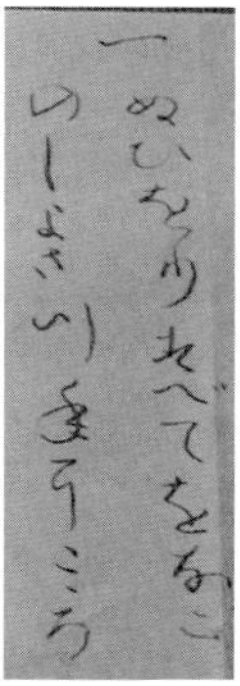

ぬひをり　すべてをなごのしょさ　つねにこころかくへき事

「ぬひを利」＝着物を縫ったり、織ったり。「利＝り」。「春べて」すべて。「をなごのしょさ」＝女性の仕事。「川年耳」＝つねに。「可く」＝かく。

　女性として大事な仕事だけにだけに分かち書きで一つ一つの文字に想いをこめて書いています。すがすがしい思いがします。亀田鵬斎（武家の書の師範）が、良寛にあってから、こんな句が生まれています。「鵬斎は越後帰りで字がくねり」って言われるように一行を思い思いに、良寛をまねて書いたのでしょう。

（縫う、機を織る等すべて女の仕事ですから、いつもしっかり勉強する事）

　一つ一つの文字がとても分かりやすく書かれ、行間もたっぷり明けて書いてあります。二番目に女性として大事なことは、「縫ったり、織ったりする事でしょうね」。ここまで見て来ると分かるように、「すべて漢字も仮名の様に書かれている」が、一つの特徴のようです。

　お針を持って縫物をすることや、綿から糸につむいで機織りの仕事、これ等は女の仕事ですよ。普段着や野良着は自前の物でしたから、おかのさんも、こころがけていなされや。昔は嫁に行った主人の親その親、自分の子ども、大家族でしたから縫い物も大変だったでしょう。今はやれなくとも行く行くはできるようにならなくてはいけません。心がけていなされや。

おかの戒語③

御馳走

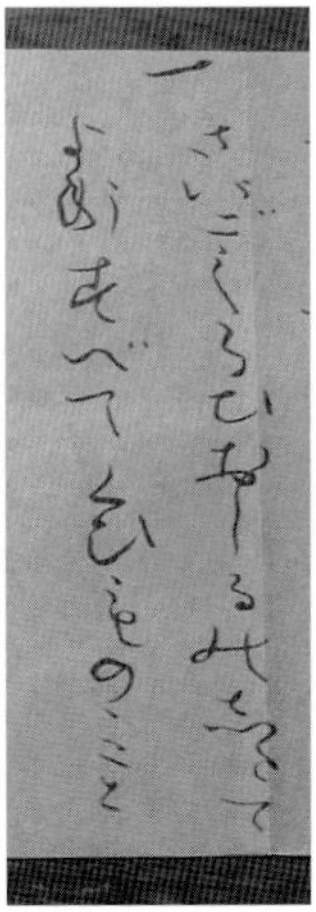

さいごしらひ　おしるのしたてよう　すべてくひもののこと　しならふべき事

「さいごしらひ」＝おかず作り。「おしるのし（志）たてよう」＝お汁を仕立てる。「よう」の「う」の左の文字を消したもの。「す（春）べて」。「くひも（毛）ののこと」＝食べ物の事。「志ならふ」＝やったりならったり。

　初めて「蓮めん」が出て来ましたが、漢字交じりの文として何の違和感もなく読めます。

　良寛書の特徴の一つに、漢字は「かな」のように書く、が有りますが、戒語の全体を見てもお分かりのように漢字は仮名のように書かれています。そして、まったく違和感がないのです。「おかの」がまだ十三歳だから漢字交じりの文にしたばかりではありません。良寛最晩年に書いた優しい漢字交じり文の傑作の一つでもあります。

（おかず作り、お汁作り、など全て食べ物の事は、自分でやったり、習ったりする事）

　木村家当主元周さんが良くお話しされました。「御馳走とは、御（おん）馳（かけ）走（はしる）というが、全くその通りだねー。懸命に走りまわって材料を集め、旨くなれー旨くなれーと、おもいをこめるから、御馳走と言うんだ。だから食べ終わった後、気持ちを込めて御馳走様でしたというんですなー」

　日本の食文化が崩れたのは、核家族が進んだためといわれている。

やっぱり親のいる家に嫁に行った子は、そこの家の伝統を受け継いで、漬物にしても煮物にしても、味が優しいものね。私の次女がそうです。それに比べて長女の方は、核家族のせいでしょうか。ハイカラな名前の料理ですが、やっぱり味に親しめません。

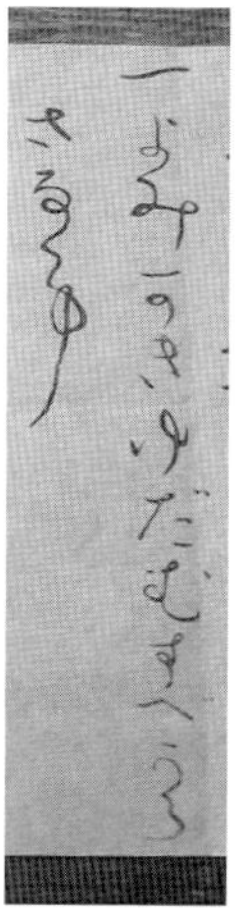

よみかきゆだむすべからざる事

よみ可き＝勉強。ゆだむ＝油断。すべからざる＝するべからざる。

読み書き、勉強は油断しないで頑張りなさい。良寛の女友達は、皆学問ができた。

言いたい事を簡潔に、無駄なく伝えていますね。しかも、連綿もあるが、この文字を見てください。私たちでも書けそうですが、全く素晴らしい。

（読み書きは、ゆだんせずにやる事）

この事は自戒も含めて書いたのであろう。良寛は、木村家へ来た当時から、日本の二大双璧。空海か良寛かと、言われてきた。良寛は練習は人にはあまり見せていないが、草書は王羲之、仮名は小野道風の秋萩帖を手本として練習も怠らなかったのです。

当時女性は勉強より、「縫う・織る」「食事」に精をだしていればよい。百姓の子など勉強などしなくても暮らせるではないか、という時代でしたが、良寛は、これからの女性は勉強が大事だという事を言っています。『源氏物語』の作者、紫式部、武家の女性等の生き方を見て勉強の大事さを誰よりも分かっていたからでしょう。そういえば、街が栄えるのも、滅びるのも人がいないせいだ、と言ったのは、長岡藩の小林虎三郎でした。

男も、女も、ともに勉強をしなさい。

おかの戒語④

はきさう志゛

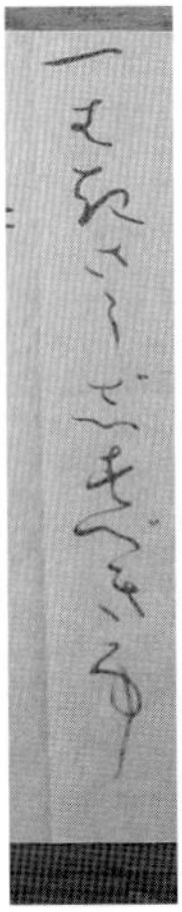

はきさうじすべき事

者起さう志すべき事＝掃き掃除すべき事。これくらいは「おかの」にも読めたのでしょう。「さう志」。「志゛」に濁点をつけて「じ」と書き「さうじ」と書いています。これは良寛の発明でも無く一般に使われています。

仮名も漢字もまったく違和感がありません。「さう志゛すべき事」、良寛は「行のうねり」にはまったく無頓着。「う」まで行った時、「志゛」の第一画を右上がりに、第三画をどうしようかと、考えています（瞬間に）が、私らの苦しんでいるのと違って、むしろ楽しんでいます。「さ」の第一画は右に上がり、「志」の第三画右下がりになって調和を保っています。私達も書けそうですが、良寛は此処まで計算して書いているのです。

書いた後、すぐにそれを反省し楽しんで計算し、直しているのです。だから出来上がった作品は何とも見事な調和のとれた作品となっているんでしょう。

（はき、掃除する事）

なにも家の掃除をして清潔に暮らす事を一生懸命にやりなさい。という事でなく、きれいにして楽しい、「心」も楽しい生活を送りなさい。良寛は掃き掃除も修行の一つにしていたのです。

玉島の円通寺での修行時代に、なにもじっと座って座禅を組むのが座禅ではない。朝の風呂場、便所、廊下の掃除をするのも座禅であり、これは「動」の座禅である。と、懸命にやったという話を聞いています。

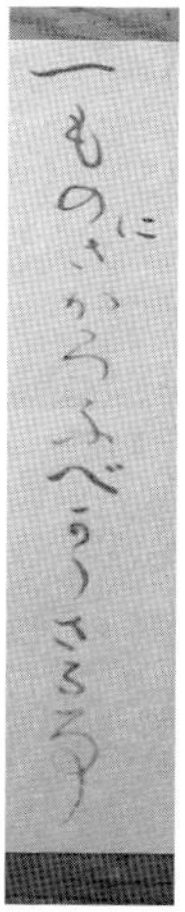

ものにさかろふべからざる事

さかろふ＝さからふ。

ものにの「に」が抜けていた事を読み返して分かり、後で付けています。

嫁に行って迷う事は、自分の家と随分勝手が違うという事です。

朝何時に起きればよいか。起きたら何をすればよいか。細かく言えば、箸の上げ下ろしまで違うのです。

（決められたものに、逆らわない事）

「そこの家の決められたものに逆らってはいけない」という事。嫁にいったばかりは自分の家と随分勝手が違うだろうが、まずそこの家のきまりを覚えなさい。そしてそれに従いなさい、と言う事でしょうね。聞かずに、実家でやっていた通りにやってしまうと、そこの家では面白くない。気まずい思いの始まりです。

良寛はこの一文を一番悩んで書いたのではなかろうか。どうすれば家庭が円満になるか。

何故か家庭がうまくいかないのは、自分勝手にする事です。良寛は嫁に行ったら、まずどんな小さなことでも、お母さんこれ、どうすればいいでしょう。あれはどうしましょうかと「聞いた方がうまく行くようだというのでしょう。「聞くは一時の恥聞かぬは末代の恥」などといわれます。気まずい思いの原因は、ものさかろうことから始まるんだから、「まず聞きなさい」「迷ったり、分からなかったり」した時は聞いたり、話し合ったりする事ですね。そうすれば家庭は円満に行きます。ということでしょうね。

ここで、「暗に」話し合う事の大切さを教えています。

おかの戒語⑤

敬上憐下

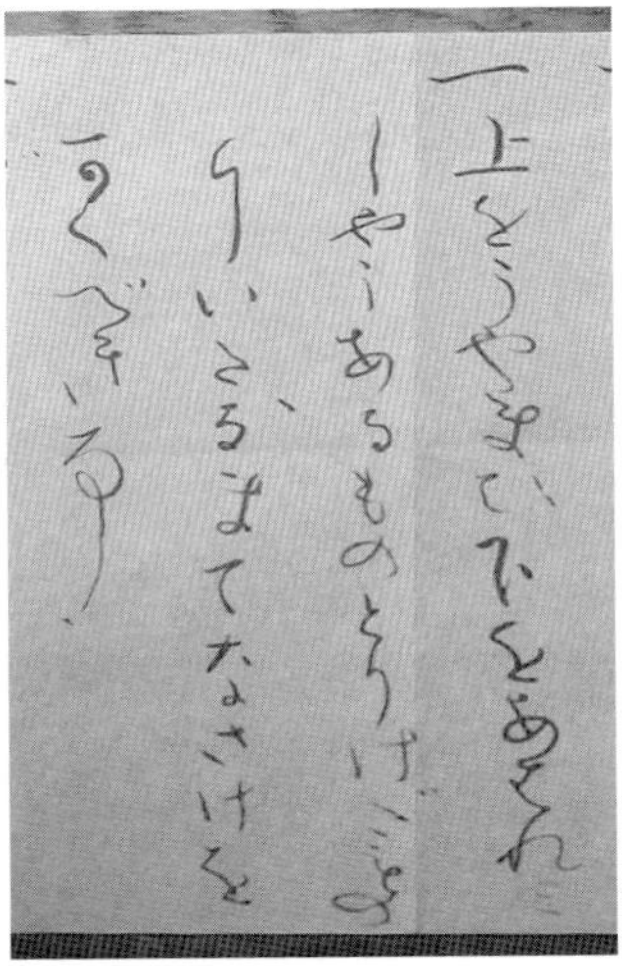

上をうやまひ下をあはれみ　しやうあるもの　とりけだものにいたるまで　なさけをかくべき事

うやまひ＝敬い。あ者れミ＝あわれみ。しやうあるもの＝生あるもの。情けをかける＝思いやりをこめた行動をする。

（上を敬い下を憐れみ、生きているもの鳥獣に至るまで、憐れみ、情けをかける事）

神や仏は言うに及ばず、年若くとも芸の達人、学問の造詣に秀いでた人、徳の高い人、目上の人等を敬って、尊敬しましょう。

下の人には、情けや憐れみをかけて上げなさい。たとえ、それが鳥や獣であっても情けをかけて上げなさい。殺生に関してはできるだけ控えなさい。

啓上憐下（敬上情下）は、死語となりかけていますが、大切な言葉です。良寛の手紙の宛名には、尊敬の念を表して、「〇〇老」を見かけます。「三輪権平老」「定珍老」とありますが老人と言う意味ではありません。相手を敬った「様」という意味です。またこの手紙の宛名には「おかのとの」の、とのは殿の意味です。

また良寛は、「竹の子」の逸話。蚤虱の短歌。「田中に立てる松の木」にも憐れみ、情けをかけています。

塩之入り峠を改良してくれた時、千度拝まんといっていますし、蚤虱を懐に入れ我が懐は武蔵野の原、の句も残しています。

良寛は、この七番目の戒語を書いた後、近頃の人たちが「敬上憐下」をおろそかになっている事に気付いたせいか。敬上燐下を何枚も残しています。

「敬上憐下」の「憐下」には、下を憐れむ。情けをかける。愛する、と深い意味があります。

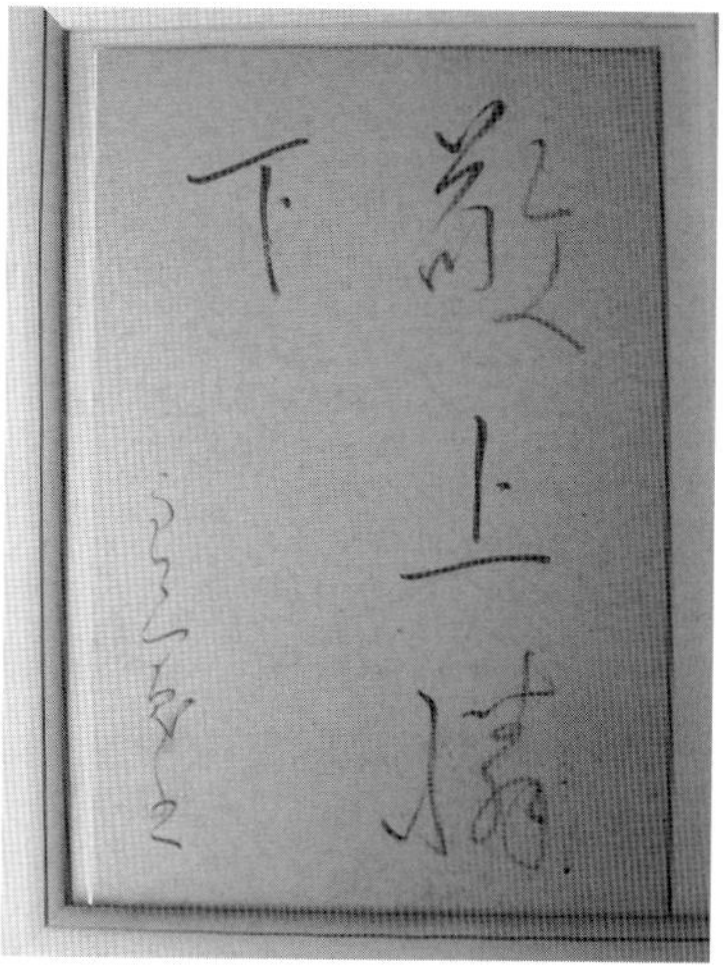

かつて小学校時代に、道端にはえている草でどの草を持っていっても、ちゃんと名前を言ってくれた先生。新任式で素晴らしいピアノ演奏をした後「〇〇です」と言った先生。

畏敬と尊敬される先生が随分いらっしゃいました。

そうかと思うと。恐竜の名前なら何でも知っている子ども。昆虫の事ならあいつに聞け。上手、名人等々…。

良寛にも、「この者一夜御泊め下され候」と書いて与板の大坂屋に宿を紹介した話。

テレビを見ましても、上下関係が全ったく見えません。敬語（国語）の使い方、言葉の使い方が乱れているとは思いませんか。義務教育で教えてもらっているんでしょうか。

戦後、特に乱れ、ぼけ老人で、恍惚の人で、疎んじられ、ねたきり、ぼけ老人で、敬上も憐下も死語となりつつあるようですね。

家庭円満の秘訣、最高。

おかの戒語⑥

おかの早川家を守る

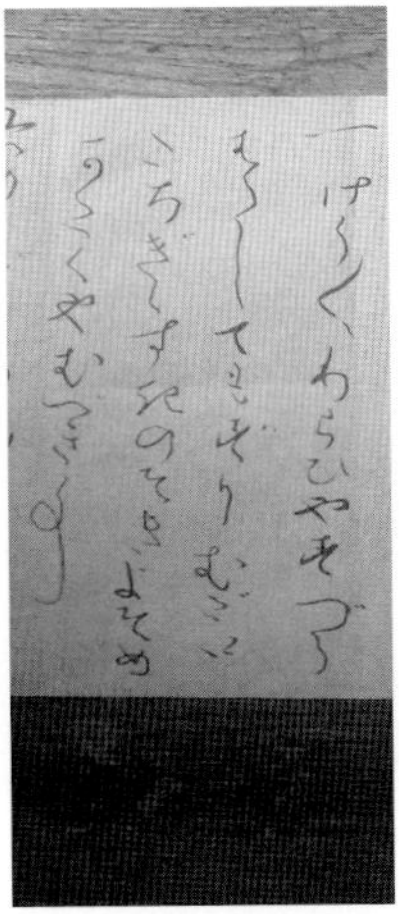

げらげらわらひ　やすづらはらし　てもずり　むだ口　たちぎき　すきのぞき　よそめ　かたくやむべき事

ゲラゲラ大笑い、やすづらはらし（ふくれっ面をして人に当たる）、手もずり（手をもぞもぞと動かす事）、むだ口、立ち聞き、すき除き（隙間から中をうかがう事）、よそめ（よそ見して人の話を聞く）、固く止むべき事。品性を疑われるような事がこれらです。

一行目を大きく書き、品性のことだよ、と言って、沢山あるからね、って注意を促し余白を取っています。心憎いばかりの気配りだと思いませんか。

（げらげらわらひ、やすづらはらし、てもずり、むだ口、たちぎき、すきのぞき、よそめ、かたくやむべき事）

貞心尼の良寛禅師戒語の中に、しめやかなる席において、はしゃいだり、話したりするのは、控えましょう、が有ります。

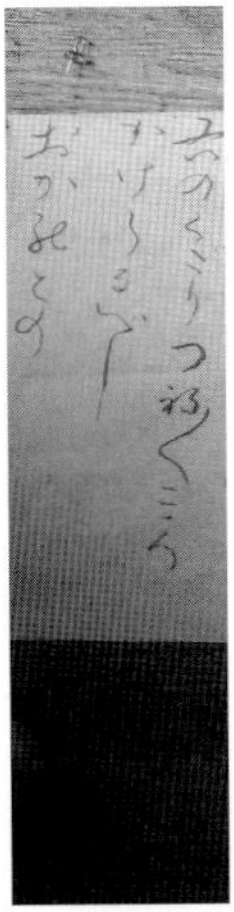

右のくだり　つねづねこころかけらるべし　おかのどの

右の下り（八項目）、いつも心がけていなされや、と優しく述べています。

おかの「どの」と「おかの」をたてています。

十三歳の娘さんに家庭円満の大事な点を、むだなく、おちなく、分かりやすく書かれています。

改めて書を見て見よう。楷書、でもなく草書でもなく行書ですよね。小学校では低学年は楷書です。ところがこの時代は、子供でも習い始めから全部行書で習ったのです。だから、おかのさんも読めたはずです。

仮名づかいは旧仮名づかいで、濁点は読む人がつけて読まねばなりませんが、子供たちの習った文字は行書でした。

おかのさんは、とても気丈な人だったようで、こんな話を「おとう様」晴れの日の酒盛りになると決まって語られたものです。

『頃は明治元年五月二十五日。当時島崎上村は幕府直轄地であったので、焼き払いにあった。「おおーイ。ここの家も火を付けるぞ」「女子供は逃げろ」の大声、
何を思ったか「おかの」。着物の裾を端しって腰に挟み、頭にはキリリと鉢巻。たもとは、たすきの十文字、そのまま玄関へとタタタと駆け出し、「待った」と叫ぶと同時、背伸びしてなげしにかけてあった一間半の長槍。「トウット」鞘を払えば尺三寸の三条金光の業物。「ピュウ」と振り回すと、下っ端役人の目の前でぴたりと止め、甲高い大声で「ヤイこっぱ役人共。我が家は家康侯以来の名家成るぞ、火を付けるとは何事ぞ。若し火をつけるなら、このババーを倒してからにしらっしゃい。」白髪頭のババーのあまりの形相に驚いてか、持っていた松明をばったり落とすと、ほうぼうの態で逃げ帰ったり…。』と見て来たように語られるんです。

あー酒もりは終わった、ご飯だ、ご飯だと勝っ手場の女ご衆は言うのです。

幕府直轄地で木村家も良寛庵室も、隆泉寺も皆焼けてしまったが、早川家だけが、「おかの」のお蔭でたった一軒だけ残ったのです。

島崎における良寛

木村家でのあらまし

文政九年からを整理すると
文政九年
秋　十月一日乙子草庵から島崎へ
　木村家、十一代元右衛門
文政十年
春　良寛は寺泊密蔵院にいく。
春　貞心尼、長岡在福島からはるばる
　島崎の良寛を訪ねるが、会えず。

これぞこの
ほとけのみちにあそびつつ
つくやつきせぬ
みのりなるらむ

夏　良寛、木村家庵室に帰る
秋　良寛と貞心尼が出会う。

きみにかく
あひみることのうれしさも
まださめやらぬ　ゆめかとぞおもふ

文政十一年
春　大蔵経寄進に感銘し、良寛碑文
　十代の遺言で、十一代が完成
春　貞心、良寛の弟子となる
夏　塩之入り峠の道が改修、感銘して

しほのりの　坂はこの頃
墾にけりてふ　あづさゆみ
春に成りなば　越えて来よ君

夏　某禅師の御経、全部そろう
夏　「いやひこ和歌集」を手がける
秋　三条地震。十一月十二日
　死者、千六百余名。
　怪我人二千七百人
　倒・半壊家屋二万一千棟
　焼失家屋、千二百余棟
文政十二年
春　おかの嫁入り

木村家から村内の早川家へ
春　地震の無縁法要
良寛、随喜し愷悌の君の漢詩
夏　五月台風
秋　周三の勘当が許され、後の十二代当主
秋　三度目の密蔵院
秋　「みち」誕生
白雪羔、お乳がわりに
文政十三年（天保元年）
春　貞心尼と唱和
とびはとび　すずめはすずめ
さぎはさぎ
からすとからす
なにかあやしき
夏　身体に異変
夏　「いたずき」を忘れて盆踊り
異常に暑い夏
夏　「いやひこ和歌集」完成
秋　良寛病状悪化

地蔵堂の中村家に伏せる
秋　十二月、天保元年と改元
十二月、貞心・由之等枕辺に
天保二年
春　正月六日、木村家草庵にて示寂
裏を見せ　表を見せて　ちるもみぢ
齢七十四歳
八日葬儀

良寛遷化の地

ざっと、良寛が庵室に住んだ略歴を紹介しました。以後、これを参考に読んでください。

いやひこ和歌集③

白髪

いやひこ和歌集に戻りましょう。
今はもう私達が年を取ると天の神様と同じように髪が白くなり、別に驚くには当たらなくなっているが、大昔は神様は白髪の儀式が有って、それに則って政治を進めていらっしゃいました。

長歌
かけまくも
あやにたふとし
言はまくも
畏きかも
ひさかたの
天の命の
みかしらに
白髪生ふる
あしたには
臣を召さしめ
白銀の
毛抜きを持ちて
その髪を
抜かせ給ひて
白銀の
箱に秘め置き
天伝う
日嗣ぎの皇子に
伝ふれば
日嗣ぎの皇子も
つきの木の
いや次々に
かくしつつ
い伝へますと
聞くがともしも

（訳）
心にかける事も
信に恐れ多い
口に出すことも
恐れ多い
天の枕詞
天の帝の
御頭に
白髪が生ひたので
朝には
家臣をお呼びになり
銀の
毛抜きで
その髪を
抜かせて
銀の
箱に取っておいた
日の枕詞
代々の皇子に
伝えれば
代々の皇子も
栂の木
つぎつぎに伝えた
このようにして
お伝え聞くと
信に羨ましい

下段には訳を書いておきましたので大体はお

分かりだと思います。

前にも触れたが、良寛はどれくらい夢中になって万葉集を勉強したのであろうか。「いやひこ和歌集」の中に出てくる歌のほとんどに、万葉集の中の言葉や事例が出て来るのです。それにしても、昔は、髪が白くなるまで生きられなかったのでしょうか。

「ひさかたの」「天つたう」…。おそらく万葉歌人より、その何倍かの「枕詞」を使っているのです。また貞心尼は白髪をべた褒めしています。

長歌の意味を補充する意味で反歌を一首、なり二首、歌っていますがこれも万葉集から学んだものです。

反歌
白髪は
おほやけのものぞ
畏しや
人の頭もよくと
言はなくに

（訳）
しら髪は
おおやけのもです
おそれおおいこと
私達の頭は避けてと
言えないかね

私達は神様ではないもったいない事だ
私達は避けて行ってもらいたいが…

反歌
世に満つる
宝と言へど
白髪に
あにおよばめや
ちぢのひとつも

（訳）
世にいっぱいになる
宝だと言っても
しら髪に
どうして及ぶものか
千に一つも

勿体なくも畏くも天帝の白髪ほど尊いものは有りません。それに代わるものなどありません。

いやひこ和歌集④

いかに生きる

良寛は、いやひこ和歌集の中に女性が、今のように整った社会保障の無い時代に、「生きる事」がいかに大変かを詠んでいます。勿論「五人組」や、「結い」の制度もあったのですが…。

長歌
手を折りて
うち数ふれば
わが背子に
別れにしより
今日までに
年の八年を
連れも無く
荒れたる宿に
手弱女が

（訳）
指を折って
数えれば
夫に
別れてより
今日までに
八年間も
連れ合いも無く
荒れ果てた家で
か弱い女が

一人し住めば
慰むる
こととはなしに
嘆きのみ
積もり積もりて
影のごと
我が身はなりぬ
今更に
世にはありとも
有りの身の
有りかひなしと
思へこそ
一日に千度
死なめとは
思ひはすれど
我が背子が
形見に残す
二人の子
見るに心の

独りで住めば
慰めてくれる
事もなく
嘆きだけが
積もり積もって
魂の抜け殻
我が身はなった
今更
この世に居ても
在っても
無くてもと
思って
一日に何度
死のうと
考えたが
夫が
形見に残した
二人の子
見ると心が

ほださへて　乱れて
かにもかくにも　どうしようもなく
言はむ術　どう言って良いか
せむ術しらに　どうしたらよいか
隠りゐて　隠れているが
音のみし泣かゆ　泣いてしまう
朝な夕なに　朝、晩と言わず

子供はカスガイとはよく言ったものですね。何度死のうかと思ったかしれない。しかし、死にきれない。結局立ち上っていくのでしょう。

反歌とは長歌の後に読み添える短歌の事。また、長歌の意を反復補足、または要約する物で、一首ないし数首から成り立っています。

反歌
まそ鏡　手に取り持ちて
けふの日も　眺め暮しつ
蔭と姿と

よく映る鏡で自分の体を今日も映して見た。魂の抜けたような自分と、現実の自分と。

反歌
わがことや　はかなき者は
またもあらじと　思へばいとど
はかなかりけり

はかないものは自分しかいない。そう思えば思うほど自分がみじめになって落ち込んでしまう。死んでたまるか。

無縁法要の詩①

「おかの」が嫁に行くと間もなく二月、与板の徳昌寺に於いて地震後の百日法要が行われた。

無縁法要の時の詩

良寛は随喜して「合掌礼拝」し次によんだ。

恭聴於香積精舎行
無縁供養遥有此作

香積山徳昌寺で無縁供養が行われると恭しく聞き、遥か遠い地で想いを寄せてこの詩を作った。

香積山中有仏事
預選良晨建刹竿
受風宝鐸丁東鳴
交文幢幡参差懸
梵音哀雅鉦磬起
古殿窈窕梅檀董
僧侶森森霜雪潔
往来綿綿群蟻牽
靉靆法雲覆瓦甍
繽紛雨華翻山川

賛歎声融連底氷
歓喜心回艶陽天
昨夜有人与板帰
只道今日結良縁
借問法会主是誰
都此供養自候門
吾聞是語仍嘆息
誠哉当時愷悌君

読み

香積山中《こうしゃくさんちゅう》仏事《ぶつじ》有り
預《あらかじめ》　良晨《りょうしん》を選んで刹竿《せっかん》を建つ
受風宝鐸丁東《じゅふうほうたくていとう》と鳴り
交文《こうもん》の幢幡《どうばん》　参差《しんし》として懸《か》かる
梵音哀雅《ぼんおんあいが》にして鉦磬《しょうけい》　起こる
古殿窈窕《こでんようちょう》として梅檀《せんだん》薫る
僧侶森森《そうりょしんしん》として霜雪《そうせつ》　潔《きよ》く
往来《おうらい》　綿綿《めんめん》として群蟻《ぐんぎ》　犇《ひ》く
靉靆《あいたい》たる法雲《ほううん》　瓦甍《がぼう》を覆《おお》い

繽紛《ひんぷん》たる雨華《うか》　山川《さんせん》に翻《ひるがえる》
賛歎《さんたん》たる声は連底《れんてい》の氷を融《と》かし
歓喜の心は　艶陽《えんよう》の天を回《めぐ》る
昨夜《さくや》有人が与板より帰り
只道《い》う　今日良縁《こんにちりょうえん》を結ぶと
借問法会《しゃくもんすほうえ》の主《ぬし》は是誰《これだれ》ぞと
都《すべて》　此の供養　候門《こうもん》より自《じ》すと
吾《われ》是の語を聞きて仍《しきり》に嘆息す
誠《まこと》なるかな哉　当時の愷悌《がいてい》の君たるは

無縁法要の詩②

漢詩の素養のないものは読めないはずだし、文字すら読めない。パソコンにも無いような漢字を良寛はすらすら使って書いているではありませんか。しかもよほど随喜したのでしょう。何回も考えて書いています。

大よその意味

香積山徳昌寺で法要があった。
前もって好い日を寺の、のぼりで供養を知らせた
風を受けて宝鐸は、チントンとなり
堂内の幢幡は長短有って見ごとに掛っている
読経の声は鐘と共に悲しく雅やかである
昔風の寺には気品があり、栴檀の香がする
厳かにお坊さんたちは、きよらかであり
参詣の人々は絶え間なく続き
仏法の雲は流れ、屋根を覆っている
花吹雪は入り乱れて雨のように降り
功徳をたたえる事大地の底おも融かし
歓喜の心、華やかな晩春をめぐっている
昨日与板より帰って来た人がいて
只言う本日は信に良い日だったと
法要をやってくれた人は誰ですか
全て此の供養は与板藩主です
吾これを聞いてありがた涙にくれた
ああ本当に優しい殿様がいらっしゃる
(与板藩主伊井直経《ただつね》三十一歳)

鑑賞

預《あらかじめ》　良晨《りょうしん》を選んで刹竿《せつかん》を建つ
受風宝鐸《じゅふうほうたく》丁東《ていとう》と鳴り
交文《こうもん》の幢幡《どうばん》　参差《しんし》として懸《か》かる
梵音哀《ぼんおんあい》雅《が》にして鉦磬《しょうけい》　起こる
古殿窈窕《こでんようちょう》として梅檀《せんだん》薫る
僧侶森森《そうりょしんしん》として霜雪《そうせつ》　潔《きよ》く

往来《おうらい》　綿綿《めんめん》として群蟻《ぐんぎ》　牽《ひ》く
靉靆《あいたい》たる法雲《ほううん》　瓦甍《がぼう》を覆《おお》い
繽紛《ひんぷん》たる雨華《うか》　山川《さんせん》に　翻《ひるがえる》
賛歎《さんたん》たる声は連底《れんてい》の氷を融《と》かし
歓喜の心は　艶陽《えんよう》の天をめぐる

ここまでを繰り返し読んでごらんなさい。まさに一幅の絵になるではありませんか。漢詩は歌と違って、言葉通りにして情景が現わされるようです。文字が分かって、文字が書ける。どの一行を取っても、凄いとしか言いようが有りません。

パソコンや電子辞書にもない文字を知っている。しかも、場面に相応しい文字。読み手に情景が鮮明に描けるように作っている。

こんな片田舎にこんな凄い人がいたのですからねー。

歓喜の心

天に昇る

昨夜《さくや》有人が与板より帰り
只 道《い》う今日良縁《こんにちりょうえん》を結ぶと
借問《しゃくもん》す法会《ほうえ》の主《ぬし》は是誰《これだれ》ぞと
都《すべて》 此の供養　候門《こうもん》より自《じ》すと
吾《われ》是の語を聞きて仍《しきり》に嘆息す
誠《まこと》なる哉《かな》

当時の愷悌《がいてい》の君たるを。

この供養は全て藩主によるものだと聞き、ああ、有り難いものだ。今の世で最も優しい藩主様だ。偉い方だなー。

良寛の漢詩の素晴らしさは前項で十分、お分かりだったろうと思います。無縁供養のしめくくりの言葉として次の「詩」を載せます。

良寛は沙門であるからには僧侶で有り、釈で

与板の徳昌寺

あるから、お釈迦様の弟子でもあり、当然法要に参加できればこれにこしたことはない、と思ったでしょうね。

この地震での与板の被害は、家屋の全壊二百六十四棟。全焼十八棟。死者三十四人。怪我人百十八人と言われています。

浄弁供養請僧衆
今日好日好因縁
看　看
無礙法力度苦界
多少亡霊生諸天

（読み）
供養《くよう》を浄弁《じょうべん》して僧衆《そうしゅう》を請《しょう》ず
今日《こんにち》好日《こうじつ》　好因縁《こういんねん》
看《み》よ　看よ
無礙《むげ》の法力《ほうりき》　苦界《くかい》を度《ど》し
多少《たしょう》の亡霊《ぼうれい》　諸天《しょてん》に生《しょう》ずるを

良寛がいかに感動したかが、この詩を読んでわかります。

意味

藩主が浄財を全部投げ出して、お坊さんを頼み法要をやった今日は、何と良い日、何という良い因縁だろう。

見ろ、見ろ、よーく見なさい。

阻む物の無い仏法の力で、この苦しみから逃れて、清らかな世界に魂が渡って行く。

多くの死者が天上界に生まれ変わって行きますよー。有り難い事ですねー。

（浄弁＝清らかなお金を出す）（僧衆＝お坊さんたち）（無礙の法力＝阻む物の無い法力）（苦界を度す＝苦しい世界から逃れ、あちらの世界。極楽に渡って行く）

文政十二年頃の歌

いやひこ和歌集がいつごろ書かれたものかを知るには、文政十二年五月に台風が来て良寛がせっかく丹精して作った草花をだめにした詩が載っているので、この頃だと分かったのです。歌の前後関係に差がないように注意しながら書きます。

我が宿は　人のうらぢり
夕されば　枕にすだく　こほろぎの声
文政十一年の秋

人のうらじり＝裏の端、木村家。夕されば＝夕方になると。枕にすだく＝枕元で虫などが鳴く。

津の国の難波のことは　いざ知らず
草のいほりに　けふも暮しつ
文政十一年の秋

津の国＝摂津の国。難波＝何は。どうだって良いのだが、私は相変わらずこの庵で暮らしています。

かにかくに　とまらぬものは　涙なり
人の見る目も　しのぶばかりに
文政十一年秋、地震後

かにかくに＝あれやこれや思いだされて。人目もはばかるほどだ。地震の事で思うととめどなく涙が落ちる。十一月十二日のあの悲惨さを思うと。

武士の　真弓白弓梓弓
はりなばなどか　弛むべしやは
地震後

武士の持ついろんな弓など、真弓白弓梓弓は、張ってあればどうして緩む事があろうか。気の緩みから地震が起きているんですよ。「治」に居て「乱」を忘れずですぞ。

あづさゆみ真弓破魔弓　白真弓
春の初めの　君が言の葉

文政十二年春

福島の貞心尼への返事の中に書いてあった歌です。

あづさゆみ真弓破魔弓　白真弓＝正月飾りのおめでたい弓。これ等、弓のように気を引き締めてしっかりと行きましょう。春の初めに相応しい歌でした。ありがとう。

春の野の若菜摘むとて　塩之入の
坂のこなたに　この日暮らしつ

貞心さん待っていますよ。塩之入りの島崎側で春の若菜を摘んで。

梅の花　今盛りなり　ひさかたの
今宵の月に　折てかざさむ

梅の花も見頃です。貞心尼さん今宵の月に一緒にかざそうよ。

カタクリの花

ももなかのい笹群竹《むらたけ》　いささめの
いささか残す　水茎の跡

文政十二年無縁法要の時

ももなか＝「い」の枕詞。群竹＝僅かばかりの竹＝ほんのちょっとの事でも、地震の事は大事なことだから、私の筆跡として残しておきましょう。

周蔵　勘当許さる

茲に良寛の手紙が一通残されています。「おかの」が嫁に行って少し寂しくなった木村家に嬉しいニュースであった。それは、「おかの」の父周蔵が勘当を許されることになったのです。

その手紙、

周蔵殿
此の度　貴様かんどうの事ニ付き、
あたりのものどもいろいろ
わびいたし候へども、
なかなか承知無之候、
私も参りかかり候故
ともどもにわびいたし
候へバ、かんどうゆるす
ことに相なり候、

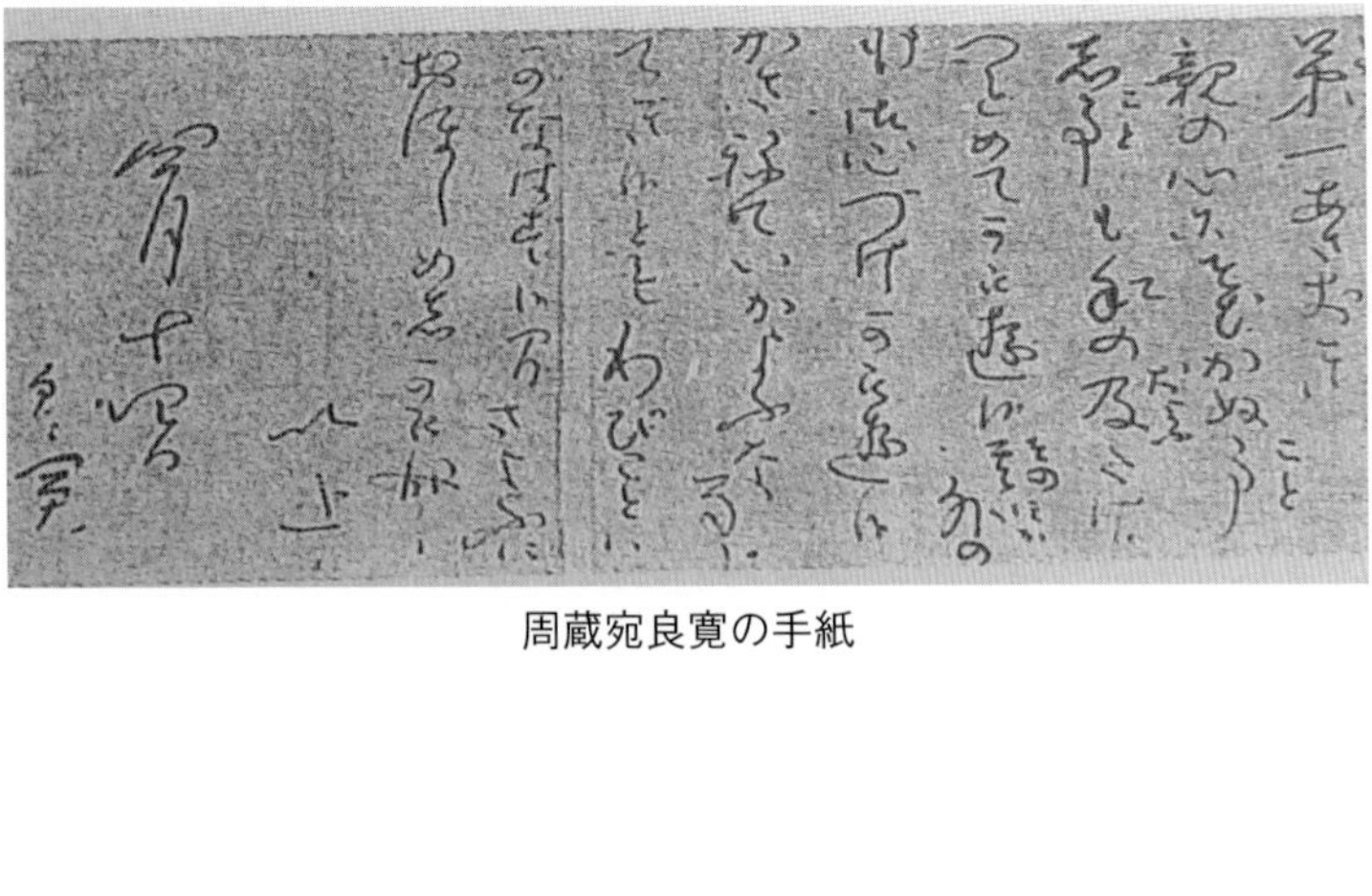

周蔵宛良寛の手紙

早速御帰候而可然候、
　さて御帰被遊候て後ハ、
ふつがうの事なきよふに
御たしなみ可被成候

第一あさおき、親の心に
そむかぬ事、し事も手の
及ぶだけつとめて可被遊候、
其外の事も
御心づけ可被遊候、
かさねていかよふな事
でき候とも、わびごとハ
かなはず候間　さよふに
おぼしめし可被成候、
　　　以上
四月十四日　　良寛

「わたしも参りかかり候故ともどども…」から考えると、良寛が十一代元右衛門の勘気を沈めたことは確かであろう。良寛が話すと必ず事が成就する。不思議な方ですねー。有名な逸話に弟由之の子馬之助を諭すに、涙を以って改心させた話がありますが、まさにそれですね。

　周蔵は後に十二代を継ぎます。昭和四十年ごろ土蔵改築の時、次の書きつけが発見された。

第一後生の一大事油断致間敷候
御寺之如来様之事及び、ビ丈ケ可
被致寄進候　以下略
嘉永元年申九月六日書之

　この事から、周蔵が隆泉寺様の熱烈の信者になって、まじめに（節約に）努め、立派になったかが分かります。

　蓮は必ず泥から出る、ですかね。

五月台風

文政十三年に、十二年の五月台風の事を思い出して書いていますので、ここの項で書いておきましょう。

去年の皐月《さつき》の歌

我が宿の
秋萩薄
おみなへし
しおに撫子　藤袴
桔梗　刈萱　吾木香
鬼のしこ草
数々を
植えてつちかひ
日覆いし
水を運びて
手もすまに　手も休めずに
育てしからに
玉鉾の　道の枕詞
道も無きまで
はびこれば
そこに出で立ち
行き戻り
咲き待ち遠に　早く咲いてくれ
思ひしに
去年の皐月の
二十日まり　余り
三日の夕べの
東風の
狂へし吹けば
あらがねの　土の枕詞
土にぬべ伏し
ひさかたの　雨の枕詞
雨に飛び散り
ももちじに
砕きし我は

言はん術
せん術しらに　やる事知らず
門鎖して　門を閉ざして
そこにありつる
有り布を　有るだけの布を
引《ひ》き被《かず》きつつ　被って
い寝ぞこそすれ　寝てしまった

文政十二年五月二十三日。越後地方は台風に見舞われています。良寛は畑仕事は好きだったようです。なぜなら国仙和尚の一番弟子に仙桂和尚がいて、円通寺に三十年もいるが、禅もやらなければ、経も読まず。只野菜作りだけを懸命にやって、食事に供しただけの人でしたが、良寛が最も尊敬した人です。その仙桂の畑作りをしなかった訳は有りません。

反歌
手もすまに　植えて育てし八重草は

倒壊家屋

今宵の風に　任すなりけり
我が宿に　植へて育てし百草は
風の心に　任すなりけり

長歌に対して反歌を三句ばかり作っていますが大風の為に、為すすべがないといって風の心に任すばかり、有るだけの布を（ほとんど持ってない）かぶって寝てしまうのである。

この時の長岡藩の被害は倒壊家屋だけでも、百六十二件といわれた。

自分探し

良寛は坊さんであるから漢字を知っていなさるのは当然。漢字を書く、意味が良く分かる。本当に凄い人です。私も辞書をある程度持ってはいるが、良寛の漢詩の読み、意味を調べる時には、何の役にも立ちません。辞書になんか出てこない漢字ばかりです。

古語になると意味・読みは、図書館に行かないと間に合いませんし、図書館でもいろんな辞典辞書が有りますので一発で探すことなんかできません。漢字の事だけでも、良寛がどれほど雲の上の人だか…。

聴松庵の庭

聴松庵とは継之助生家跡の事です

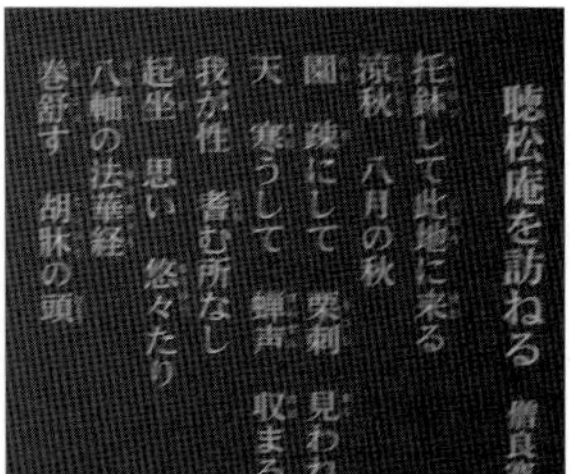

聴松庵にて

巻舒す（広げる）　胡牀の頭（偉い人）

良寛は足が達者な時は毎日のように托鉢、乞食行脚を欠かしてはいませんでした。そして、知識人に逢って話をしたり、そこの村長《むらおさ》に逢っていろんなお話をしていたのでしょう。

島崎に来てからも、戊辰の英雄「河井継之助」の父との交遊の記録も残っています。四書五経に通じて、話が合ったようです。

あと、三十五、六年で明治の世になろうかとする時、どのような話をしたのでしょうか。

そういえば、良寛は武士とはあまりかかわりを持っていませんでしたが、継之助の父とは、話が弾んだようです。

そういえば木村家には、この頃書いたと思われる「論語」がおびただしいほどあったそうです。その一部が、かなり残っており、貼り交ぜ屏風に残してありました。子曰というあれです。

良寛は、「人間の看破に飽きたり」と言っているではありませんか。だから、人の有るべき姿という事について語ろうとはしませんでしたが、自分自身には厳しかったようです。

かつて、中学の時「物書き」と言われた先生がおられ、勉強するってことは、自分が「何者か」探すことなんだ、と言われたことがありますが、今段々と分かってきました。

私は何処から来て、
どこに行くのでしょう。

私って何でしょうか、という「自分探し」の事でしょうね。

良寛が残している論語を挙げて見ましょう。

子曰　里仁為美沢不居仁焉行知

子曰く、里仁を美と為す。えらんで仁におらずんば、どこで知を行わん。

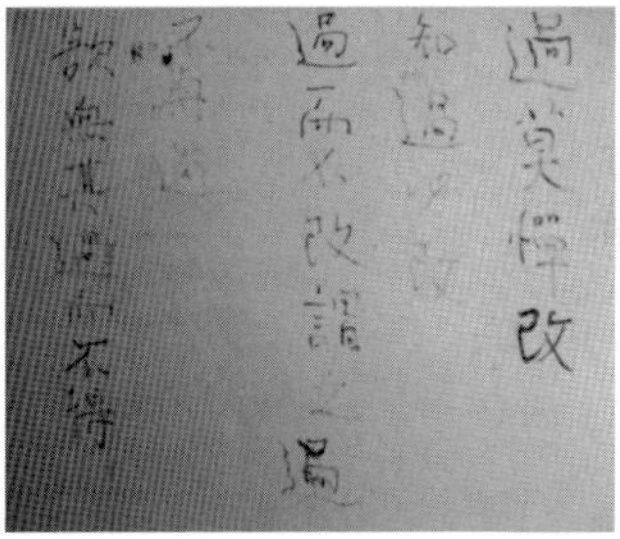

過ちを

過ちを改めるに憚ること勿れ。過ちを知れば必ず改める。過って改めざる、これを過ちという。死が身近に迫っています。それでもなお自分探しに熱中していたのでしょうか。「生」への執念がとても凄い人ですねー。

練習の虫

良寛は人前ではめったに練習している姿は見せませんでしたが、「秋萩帖」を離さず、紙なんか真っ黒くなるほど、それでも間に合わずに、火箸で灰に、天に向かって自由、気ままに手で書いていたのです。天才は人前では、練習している姿を見せないが、人一倍練習する。それですね。

　晩年の頃、良寛といえば書家、歌詠み、として天下に有名でしたから、逢いたい、知識を得たい。書を書いてほしい、と思っていた人も随分いたのです。

　この詩は入軽井の旧家山崎六右衛門に良寛が与えた物である。五合庵時代にもこれと同じ歌があるが、右の写真の場所が、大江茫々そのものだったのでしょう。

大江茫々の碑

大江茫々春已尽
楊花飄々点納衣
一声斉漁歌杳靄裡
無限愁腸為誰移

読み
大江茫々《たいこうぼうぼう》　春将《まさ》に暮れんとす
楊花飄々《ようかひょうひょう》　納衣《のうえ》に点ず
一声《いっせい》の漁歌《りょうか》　杳靄《ようあい》の裡《うち》
無限の愁腸《しゅうちょう》　誰が為にか移さん

良寛は練習なしの、一発勝負で「清書」するのです。間違ったら棒で消し書くのですが、漢詩に関しては間違いが殆どないのです。

漢詩は大体叙事的。歌は抒情的の物が多いようです。ですから、漢詩は読んでいますと将に一幅の絵です。これは良寛が入軽井の旧家山崎右衛門に書き与えたと言われているものである。

意味
土手に立つと、大河は果てしなく広がり、
春はもう過ぎ去ろうとしている。
柳の葉っぱがひらひらと私の衣に散って来ます。
漁師の歌が深いもやの中から聞こえた。
うれいに充ちた声は、
誰に伝えたらよいのだろうか、と。

大江茫々　春已尽
楊花飄々　点納衣
一声漁歌　杳靄裡
無限愁腸　為誰移

何回も読んでごらんなさい。素晴らしい情景が目に浮かんできます。目の前の景観を見て、それを漢詩に書く。漢詩の漢字も見ている通りの漢字を覚えていて、完全に書けるのだから凄いという以外にないですね。

良寛のウイット

ここに、ユーモアに満ちた手紙があります。誰に与えたのか宛名は不明ですが。

この頃、良寛さんの顔を見れば「字を書いてくだされ」。と、頼む人が多かったそうです。「天上大風」の文字も、大人が子供をたらかして書いてもらったのだという人がおります。

左の手紙は、その断り状です。

雪の中に人を被遣《つかわし》
候とも　近ごろは物書事
すべて不出来候　筆も
のこらずきれはて候
たとひ有ても　手にとらず候
何処から参り候とも
みなみな如此候　以上
霜月四日
良寛

雪の中をせっかく来てもらっても、
また人を頼んでも、
このごろは、物を書いても不出来だし、
筆も残らず切れてボロボロ。
たとえ有っても、書く気がしない
何処から来てもらっても
このような状態ですので
お断りいたします。

不出来だと言って、筆もだめになった。あっても手に取れない。何処からいらっしゃっても、そんな状態ですので、お断りします、って断り状を出す。（筆が切れているのに文字が書けませんでしょう）

思わず笑いたくなりますよね。

次は良寛をとてもびっくりさせて、興味をひかれた書があります。それは文政八年十二月の事ですから乙子神社草庵の頃の事。柏崎の宮川海岸に一本の杭（長さ二メートル二十センチ、太さ九十センチ）が流れ着いた。それは上部には怪物のような頭が掘られ「娥眉山下橋」と彫られていたのです。

（左のような図柄の杭）

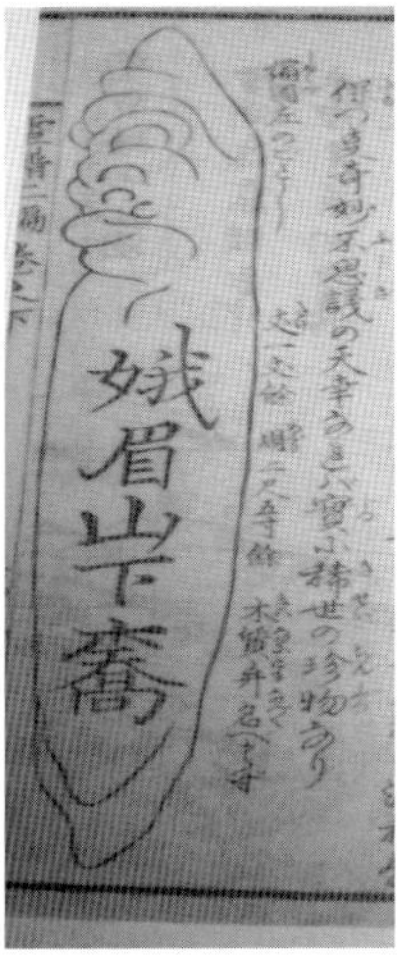

良寛は文政十三年ごろ、当時見た時の感想、凄さ。をこう記しています。

題蛾眉山下橋杭
不知落成何年代
書法遒美且清新
分明我眉山下橋
流寄日本宮川浜

読み
蛾《が》眉《び》山《さん》下の橋杭に題す
知らず落成いずれの年代ぞ
書法は遒美《しゅうび》にして且つ清新《せいしん》
分明なり我眉山下の橋
流れ寄す日本宮川の浜

意味
峨眉山の麓から流れ着いた橋杭に題す。

この橋がいつできたのか知らないが、刻まれた文字は力強くて美しく、新しい。おもわず、良寛も凄さに驚いたのでしょう。

これが峨眉山の麓の橋の杭だ。はるばると日本の宮川の浜に流れ着いたものだ。

機会があれば中国に行ってみたい、できたら遇って見たいと思ったに違いありません。

書法遒美且清新、と言っているではありませんか。

いやひこ和歌集　長歌①

三人の友（人間愛）

和歌集は三巻。伸ばして並べると、訳十一メートルになる。歌数は長歌、短歌合わせて五十三首ですが、全部披露せずに、知らせたいものだけを記す事にし、号数の脇にいやひこ和歌集と書いておきます。

今回は、「いやひこ和歌集」の「みたり（三人）の友」を紹介しましょう。

私が未だ木村家に下宿していた五十年前、東郷豊治先生から解説づきで読んでいただいたものです。

天雲の向伏すきはみ
たにぐく《ひきがえる》のさ渡る底ひ
国はしも　さはにあれども
人はしも　あまたあれども
みほとけの　生れます国の
明き方の　そのいにしへの
ことなりし　猿と　をさぎと狐とが
言をかはして　朝には
野山に遊び　夕べには
林にかへり　かくしつつ
年の経ぬれば　久方の
天の命の聞し召し　いつわり真
しらさむと　旅人となりて
あしびきの　山行き　野行き
なづみ行き　食し物あらば
賜へとて　尾花折り伏せ
憩ひしに　猿は林の
上枝ゆり　木の実を摘みて
参らせり　狐はやなの
あたりより　魚をくはへて
来たりたり　兎は野辺を
はしれども　何も得せずて

ありければ　汝は心もとなしと
戒めければ　はかなしや
兎うからを　たばくらく
猿は芝を　刈りてこよ
狐はそれを　焚きてたべ
まけのまにまに《いうままに》　なしつれば
炎に投げて　あたら身を
旅人の贄《にえ》と　なしにけり
旅人は　それを見るからに
しなひうらぶれ　こいまろび
天を仰ぎて　よよと泣き

月の兎

土に倒れて　ややありて
土打ち叩き　申すらく
汝三人の　友だちに　勝り劣りを
言わねども　我は兎を　めぐし《かわいそう》とて
もとの姿に　身をなして
骸をかかへて　ひさかたの
天つみ空を　かき分けて　月の宮にぞ
葬りける　しかしよりして
栂の木の　いやつぎつぎに
語り継ぎ　言ひつぎ来たり
ひさかたの　月の兎と
言ふことは　それがもとにて
ありけりと　聞く我さへに白妙の
衣の袖は透りて濡れぬ

「衣の袖は透りて濡れぬ」とは、良寛は何と優しい方でしょう。

いやひこ和歌集　長歌②

三人の友（人間愛）つづき

私は、思わず目頭が熱くなりましたが、見ると東郷先生も涙を流していらっしゃいました。まずい訳ですが意の有る処をおくみ取りくださ い。いやひこ和歌集の二巻にあります。

雲の吸いこまれる果て、その果てのヒキガエルの住むあたり。国は沢山あるけれど、また、里は沢山あるけれど、御仏のあらわれなされた国の、開き始めたその昔の事でした。

猿と狐と兎とが言葉交わして仲良くし、朝になると野山を歩き回り夕方になると林に帰って休んでいました。このようにしながら、年月がたったので、天帝がお聞きになって、果たしてそれが嘘か、本当かご覧になろうと思われました。

そして老人に姿を変えて山を越え野原を越えて、苦しみながら行きついて「食べ物があったら恵んでください」と、ススキの花を刈りとって横になって休まれました。

猿は林の木の先から、木の実を取って来て差し上げました。狐は簗場の辺りから魚をくわえて差し上げました。しかし、兎は辺りをしきりに飛び回ったが、何も手に入れる事が出来ないままで帰ってきたので、老人は「お前は他の者と違って思いやりがない」と言われたので、兎はかわいそうに仲間に言いました。猿には、「芝を刈って来てください」狐には「それを燃やしてください」と。

二匹は言われたとおりにした所、兎は炎の中に自分の身を投げ入れて「食べてください」と言いました。

老人はこれを見るや否や力を落としがっくりきて、転げまわって地面をたたいて叩いて言う事には、「お前たちの友達三匹は、勝り劣りは無いけれど、私は兎がとても愛おしい」といって老人に身を変えていた天帝は兎のなきがらを、月の世界にある宮殿に葬ってやりました。
それがいまでも、次々と語り継がれて「月の兎」と呼ぶことは、このような物語によるんだと言われて良寛は、聞いた私も感動して墨染の衣の袖が涙でしみとおって濡れてしまったほどだ。

この月の兎の物語はインドの「ジャータカ」「大唐西域記」「今昔物語」などに出てくるので、良寛は円通寺の一切経の中で読んでいたらしい。それを記憶をもとにして書いたものであろうが、「もみぢ葉の過ぎにし…」で始まるもの「いそのかみ…」で始まるものが残っています。このみたりの友は、乙子神社草庵で書かれたものと思われる。

月の兎

しかし、子供と遊んでいる時など、子供に分かりやすく、涙ながらにお話してあげたのでしょう。良寛の次の歌も鑑賞してください。

あたら身を　翁が贄と　なしけりな
いまの現に　聞くがともしさ
ともしさ＝心惹かれる

秋の世の　月の光を　見るごとに
心もしぬに　いにしへ思ほゆ
心もしぬ＝しみじみ＝心打たれて

ます鏡　磨ぎし心は語り継ぎ
言い継ぎしのべよろずよまでに

天の原　と渡る月の　影見れば
心もしぬに　いにしへ思ほゆ
思ほゆ＝思われる

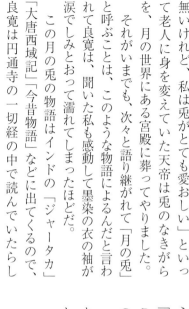

良寛は青空教師

かくれんぼもした。手まりもついた。「天上大風」も書いて遊んだ。そんな話だけでなく良寛は教師だった。その証を探ってみたい。

「島崎には、ここの柳の木の下で遊んでくださったって」「ここはのう、手まりが川に落ちて大変だったらしい」「まだ小さいんだんが、良寛さんに看てもらって助かるて」「笹団子やるすけ、頼みますって、見てもらおうて」というような話をいくつも聞きました。

日々日々又日々
間伴児童送此身
袖裏毬子両三箇
無能飽酔太平春

街頭の児童忽ち我を見
手を打ちて斉しくうたう
放毬の歌
児童忽ち我を見
欣然相ひきいて来る
我を要す寺門の前
我を携えて歩み遅々たり
鉢の子を白石の上に放ち
袋を緑樹の枝に掛け
茲に百草を闘わし、毬を打つ
我打てばかれ且歌い
我歌えばかれは打つ
打ち去り打ち来たり
時の移るを知らず

又児童と百草を闘わす
闘い去り闘い来たり
転た風流
日暮寥寥人帰るの後
一輪の名月素愁を凌ぐ

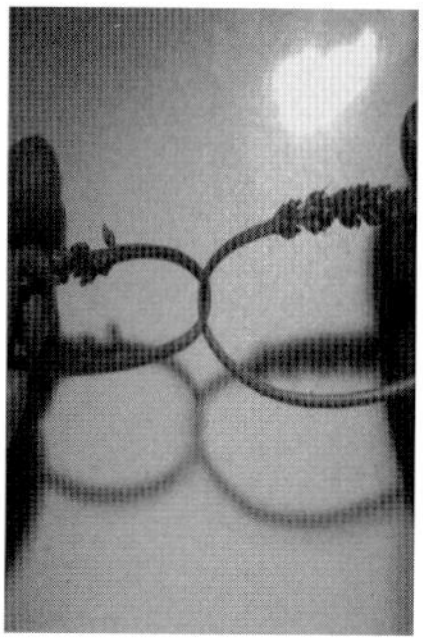

草相撲

いざ子供
山辺に行かむ菫（桜）見に
明日さへ散らばいかにせむとか

霞立つ
永き春日を子供らと
遊ぶ春日は楽しく有るかな

子供とうまく遊べるようになるまでには苦労もあったでしょう。お盆、正月に孫の来るのを考えて見れば分かりますが、二日もいれば、くたくたに疲れますでしょう。

　良寛は一人で相手をしたのです。知らない子供の中へ入って行って遊ぶ。まず最初は、不審者、狂人扱いされたでしょう。

　教員の免状が有るわけがない。保育士の資格があったわけでなし、五合庵時代はバカ者扱いされたでしょうね。子供が慣れて来たのは五合庵草庵時代の後半頃からではないでしょうか

十字街頭乞食了
八幡宮辺方徘徊
児童相見共相語
去年痴僧今又来

子供は正直です。この詩にもありますように、子供たちが良寛を見て、痴僧（馬鹿坊主）と呼んでるではありませんか。だんだん慣れて来た頃かなー。

　戒語の中から拾い出してみましょう。戒語、それをしないようにと、戒める言葉ですので、次の項に記してみましょう。

貞心、戒語を写す

二人の出会いからも想像されますように、良寛と話した貞心は、言葉を考え考えながら話したのでしょう。解良家の戒語に、

「全て言葉は、惜しみ惜しみ　いふべし、いひたらぬならぬ事は、またつぎてもいふべし」

があります。

貞心尼と相対しても寡黙だったでしょう。凡そ想像ができます。戒語を考えると納得できますよね。次は、貞心尼の残した良寛戒語ですが、紙の余った切れ端などに良寛は書きつけていたものを集めた九十ヶ条です。読者もきっと思い当たる戒語が沢山あるはずです。

○言葉の多き
○物いいのきわどき
○口の早き
○問はず語り
○講釈の長き
○差しで口
○ついてなき話
○手柄話
○自慢話
○公事の話
○いさかい話
○不思議話
○物言ひの果てしなき
○公儀の沙汰
○へらずぐち
○人の物言ひきらぬうちに物言ふ
○子供をたらす
○言葉のたがう
○たやすく約束する

○よく心得ぬ事を人に教ゆる
○ことごとしく物言ふ
○いかつがましく物言ふ
○引きごとの多き
○断りの過ぎたる
○あの人に言ひて良き事をこの人に言ふ
○その事の果たさぬうちに、この事を言ふ
○へつらふ事
○人の話の邪魔する
○あなどる事
○しめやかなる座にて心なく物言ふ
○人の隠す事をあからさまに言ふ
○ことごとに人の挨拶聞かうとする
○顔を見つめて物言ふ
○酒によひてことはり言ふ
○腹立てる時ことはりを言ふ
○はやまりすぎたる
○親切らしく物言ふ
○おのが氏素性の高きを人に語る
○おしはかりの事を真に成して言ふ
○あしきと知りながら言ひ通す
○言葉咎め

草花

貞心尼の禅師戒語

○物知り顔に言ふ
○さしたることも無き事をこまごまと言ふ
○見る事聞く事一つ一つ言ふ
○説法の上手下手
○役人の良し悪し
○よく物の講釈をしたがる
○子供のこしゃくなる
○老人の口説き
○若いものの無駄話
○仕方話
○首をねじて理屈を言ふ
○こはいろ
○ひきごとのたがふ
○口をすぼめて物言ふ
○押しの強き
○珍しき話の重なる

良寛像

○所に似合ぬ話
○息も突き合はせず物言ふ
○好んで唐言葉を使う
○口真似
○人の理を聴きとらずしておのがことはりを
　言い通す

○田舎者に江戸言葉
○都言葉など覚えて、したり顔に言ふ
○よく知らぬ事を、はばかりなく言ふ
○寝いりたる人をあはただしく起こす
○聞きとり話
○人に合ふて都合よく、取り繕ふて言ふ
○あいだの切れぬように物言ふ
○説法者の弁を覚えてあるいは、そう致しました所で嘆き悲しむ
○悟りくさきはなし
○学者くさきはなし
○茶人くさきはなし
○風雅くさきはなし
○うはの口きく
○さしても無き事を論ずる
○節も無き事にふしを立つる
○あくびと共に念仏
○幸いの重なりたる時　物多くもらふ時　有り難き事と言ふ
○人に物くれぬ先に何何やらふと言ふ
○くれて後人にその事を語る
○あういたしました　かう致しましたましたのあまり重なる
○俺がかうしたかうした
○鼻であしらう

以上

これが貞心尼の良寛戒語です。

良寛自身だけでなく、無論貞心尼も守ろうと思ったにちがいありません。庵室には戒語を書きつけたメモが随分残っていたのです。こうまで言われると私には、しゃべれる所がありません。

たいへんですねー。結局のところ愛語だけをしゃべりなさいというのでしょうね。

愛心ハ慈心ヲ種子トセリ、にもどって考えなさいということでしょうか…。

戒語と子供と愛語

ある人によれば、良寛戒語は三十五種類、三百六ヶ条有るそうです。常々心がけて話していたのでしょう。

良寛は、基本的に相対した時は、

①まず考えながら聞く事。何を言わんとしているかをよく聞いてあげる。

②そして、趣旨に合うように、言葉をおしみおしみ使いながら、話す事。

③大事なことは、ぬかりなく簡潔に書いたり、話す事。

④言わんとしていることは何かを、考えながら、読む事。

良寛は結婚しませんでしたから、勿論子供はいません。だから、子供をどんな子に育てたいか、育てようと思ったか興味のあるところです。良寛はもともと子供好きなんですね。動物は本能的に、この人は好き、嫌いが分かるものです。最初は子供たちが遊んでいる所に行って、見ているだけで子供たちは逃げて行ったでしょうが、悪たれを言っているけれど、すぐ付いてくるのですね。三条の詩にこんなのがあります。「去年痴僧今又来」、痴僧だって、そうかも知れませんね。

次に毬つき遊びも夢中になって練習しなければ子供に嫌われるでしょうね。「我に匹敵するもの無し」と言っています。やっと子供と同じ位にうまくなった所で子供に受け入れられるのです。五合庵でさんざん練習した事でしょう。それでも、散々バカにされながら、良寛が来たというだけで、子供が群がって来るようになったのです。

こうなって来ると段々子供が見えて来ますから子供の「危険・安全に関する事」には注意をしてあげたくなるでしょう。「やってはいけない事」も話してあげたくなるでしょう。しかし、良寛は人に説教するとか、注意する事を一番の苦手としていたのです。「行動でやって見せた」のでしょうね。戒語からひいて見ましょう。

子供への戒語　（大人にこそ模範）

○菓子買うてくれるって買ってくれない
○悪い事すると、灸据えるぞ
○憎き心を持って叱る
○くれると言うてくれぬ
○客の前で叱る
○興なきおどけ
○子供をたらかす
○わらべにものを言いつける
○子供に知恵を付ける
○子供のこしゃくなる

子供への戒語は「こしゃくなる」ひとつでしょうね。子供好きな良寛、どんな時に「こしゃく（生意気）」に感じたのでしょうね。子供は親の鏡。子供は環境に、また大人の背中を見て育ちますから、大人の為の戒語こそ、全部子供の為の戒語と良寛は考えたのではないかと思います。

いつの時代にも子供を育てるって事は、大事業なのです。会社を経営する事と同じなんですね。

子どもの祭りへの参加

子は宝

もう一度愛語を思い出して下さい。

良寛は愛語も「布施」だと考えたのです。特に子供に対しては接し方を見るとそう思われる所があります。

愛語とは＝和顔愛語の事で、いつも和かな笑顔と優しい言葉で人に接する事です。

愛語ト云ハ　慈愛ノ心ヲオコシ
顧《コ》愛ノ言語ヲホドコスナリ
ホヨソ暴《ボウ》悪ノ言語ナキナリ
赤子ノオモヒヲタクハヘテ言語スル
現在ノ身命ノ存スルアヒダ不退転ナラン

愛語と戒語は車の両輪です。私の遠く及ぶところではありませんが、少しでも近付こうと思わない限り、良寛に学ぶことは出来ないのです。

白銀も黄金も玉も何せむに
優れる宝
子にしかめやも
万葉集

そう言えば、

「今日はここの家の宝は、見えないがどうした？」

こんな言葉は聞けなくなったねー。

・我が子にかえる宝なし
・娘三人持てば左団扇
・負うた子に教えられ
・子はかすがい
・子は生むも、心は生まぬ（環境が大事）

子供の事を「宝」と子供の頃私達は呼ばれていました。ところがいつの間にか…寂しいね。子にまつわる諺は限りなく有ります。中でもこんな言葉があります。

子供は教え殺せ　馬は乗り殺せ

子供はいくら教えても皆覚えて行く。馬は駆ける練習すればするほど速く走る。

気力、体力、知識欲、記憶力、何もかも充実している小・中学校時代に、十分な学力を身につければ一生忘れることはない。高校、大学はその土台の上に築くものである。

一生の優劣は小・中学校でついてしまうというのでしょうね。義務教育がいかに大切な時代かが分かります。その時期に「いじめ」「不登校」は絶対やめたいものです。思考・知識がとまってしまうからです。だからこそ子供への愛語・戒語は大事なものです。良寛はただ子供と草相撲やかくれんぼだけしていたのではありません。

次のような漢詩があります。

親、養いて教えざるは、
親の責任なり。
師、教えて厳しからざれば、
師の責任なり。
親養い、師厳しくして、
学ならざるは、子の責任なり。

氏・素性でなく環境と学習がいかに大事な物かが分かるような気がします。だから大会社を経営する事と、子供を育てる事は一緒で、どちらも難しいというのでしょう。

お酒の戒語

ここに、いくら悲しい事があっても大酒を飲んではいけないという手紙があります。

人も三十四十遠越天者　於東呂反
由久毛乃奈礼者随分御養生可被
遊候　大酒飽淫波実耳命遠
幾留斧奈利　由女由女春己左奴
与不尓安所者左留反久候
七尺乃屏風毛於東良者奈登可越左良武
羅綾能袂比可波奈東加堂反左良武
遠能礼本里春留登已呂奈利東毛
制世波奈東可也末左良武
春毛理老（由之）　良寛

これは、あまりにも有名な手紙でありますので何処かでご覧になっておられる事でしょう。

人も三十四十を越えては
おとろへゆくものなれば
随分ご養生を遊ばさるべく候
大酒飽淫は、
実に命を切るおのなり
夢夢過ごさぬよふに
遊ばさるべく候
七尺の屏風も踊らば
などか越えざらむ
羅綾の袂も引かばなどか
たへざらむ
おのれほりする　所なりとも
制せばなどかやまざらむ
すもり老　良寛

注　七尺＝二メートル十センチ
踊らば＝頑張れば
羅綾の袂＝柔道着のような強い衣服の袂
引かばなどか＝引きちぎろうと思えば

おのれほりする＝自暴自棄
制せばなどかやまざらむ＝自省すれば
できないことはない
だから、お酒を慎んでください。
すもり老＝すもりは由之の号。
老というのは老人の意味でなく、敬語の「様」
の意味である。女性にも使っている。

良寛は酒好きである。いろんな酒にまつわる
話や詩歌が残っています。それに、酒を贈られ
た礼状も沢山あります。
お酒の戒語、
○酒は温めて呑むべし
○酒酔いにことわりを言ふ
○酔うてことわりを言ふ

良寛が文政十一年の正月に弟由之と木村家で
お酒を飲み交わした時の詩には、

楽しい宴会

兄弟相逢処　共是白眉垂
且喜太平世　日々酔如痴

兄と弟が久しぶりに逢った。
二人とも眉毛は白くなって年を取っていた。
また、天下は太平の世で喜び合った。
毎日酔っていて、愚か者の「痴」の様だった
といっていますが、ここで呑んでいるお酒は、
斧で命を切るお酒の飲み方ではなかったのです。

言葉は惜しみ惜しみ

解良家の戒語の中に、

すべてことばは、
をしみをしみいふべし
いひたりぬことは
又つぎてもいふべし
いふたことはふたたびかへらず

というくだりがあります。先年、良寛展示会が有りましたのでご覧になったと思われますが、この三行を読んでどうお感じになられました?

すべて言葉は、「をしみをしみ遣いなさい」。丁度スーパーに行って買い物をするときの様に、お金を考え考え使うと同じように、言葉を使いなさい、とでも例えましょうか。人に分かるように話すには、とても難しいのです。

「あわてず、よーく考えに考え、
ゆっくり、ゆっくり、話す」

ようになりたいものです。そうすれば次の様な戒語は必要なくなりますよね。

○言葉の多き
○物いいのきわどき
○口の早き
○問はず語り
○講釈の長き
○差しで口
○ついてなき話
○いさかい話
○物言ひの果てしなき
○へらずぐち

○人の物言ひきらぬうちに物言ふ
○言葉のたがう
○たやすく約束する
○よく心得ぬ事を人に教える
○ことごとしく物言ふ
○いかつがましく物言ふ
○引きごとの多き
○断りの過ぎたる

そして、言い足りなかったら、その時、後からでも話せば良いのです。ところが「をしみをしみ」ってなかなか…そこで良寛は言う。

いりようなところばかりぬいて
あらませにいふべし

必要な所だけ「まず言う」ようにした方が良い。なるほどねー。簡潔な良寛の手紙がそうですねー。

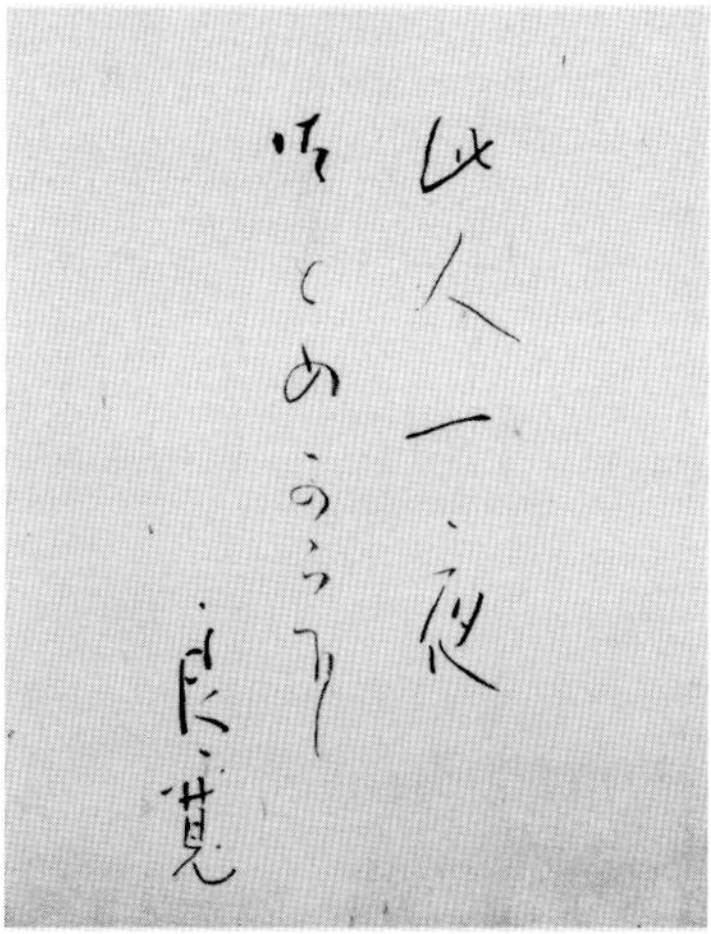

宛名のない手紙

そして、次の句。

ひとのけしきを見ずしてものをいふな

しゃべっている相手の人をよく見てその人の様子を見ながら話しなさいというのです。極めつけ、

言うたことは二度と戻らず

いさかい嫌い

やっぱり良寛って「布施・愛語・利行・同事」の人だったんですねー。この四つは、道元の『正法眼蔵』に出て来ますが、中国から仏教が伝わるとともに「布施・愛語・利行・同事」は入って来たのです。

良寛を一言でどんな人って聞かれたら、愛語を以って、同事・利行を考え、人々には布施をした人、と答えたい。良寛は戒語の中に、

○いさかい話、
○喧嘩の話
○人のざんぞ（悪口）

言い争いや喧嘩の話に加わる事はもちろん。出入りとなったら殺し合いですから、そのような殺伐とした話には乗らなかったのです。

また、公儀の沙汰。おふれ、高札には、言い分があっても、言わなかったり、口説いたりはしなかったでしょう。かつて、若かった頃名主見習いの頃を思い出し、農民からの「ブーイング」をいっぱい聞かされた経験からでしょう。よっぽど嫌っていたようですね。次の漢詩を見てください。いよいよ牛の激しい激突が始まるというのに本当の「戦い」は書いてないではありませんか。

出亀の牛闘を看る
草色《そうしょく》蒼《あお》き傍《かたわ》ら頭角深し
鬢髪《しんぱつ》の男　蘿薜《らへい》の岩に跨がり
花顔《かがん》の女《むすめ》　柳枝《りゅうし》の陰に立つ
鼻縄《びじょう》放去《はなちさ》る牧童《ぼくどう》の手
相看《あいみ》て転《うた》た戦争の心を起こす

これからいよいよ牛と牛が、猛然と相手に向かって正面から激突し、この物凄い「ドーン」という音。角を上下左右に動かし少しでも優位

に立とうとする駆け引き。大相撲の様に四十八手の凄い組み手を使って相手を倒そうと頭から血を流し、口から泡を吹く懸命な形相。

実際見ていると激しく手に汗握る状態になるのだが、…その場面は良寛は書けなかったのです。何故か？

山古志の闘牛

戒語にあるように、心から「争いごと」が嫌いで書けなかったのです。

一方、闘牛では相手が弱って負けると思われた瞬間、勢子が牛の後足の片方に一瞬に縄をかける早業。で闘いを止めさせてしまうのです。（そうでないと負けた牛は勝った牛とは二度と戦いをしないのです）これ等戦いぶりを良寛は、見ていられないし、書けなかった。自分自身が骨肉の争いが嫌で、出家したくらいだからであろう。

それは、名主見習の頃の酷い獄門首、さらし首。死罪の首切り、…嫌というほど見たし、聞いたし、自分でも命じたのであろう。

刑の執行・立ち会い、それらを見たりするのが嫌で恐ろしくなった。闘牛でも、この事が最後まで頭から離れないから、詩には、残虐性が歌えなかったのでしょう。

良寛様に逢いたい①

貞心も、良寛も、歌を詠んでいます。萩の花の咲くころの貞心尼との唱和の話に戻します。文政十一年の秋。托鉢で福島に立ち寄った時、また来年も元気なら逢いたいものですね、と約束して別れています。台風で心寂しくなったのか、次のようなのを待ってはいられなくて、

萩が花　咲けば遠見と　ふるさとの
草の庵を　いでし君はも

早く出ていらっしゃいと。これは、貞心にもそう思って良寛が貞心尼に代わって詠んでいます。が、文政十一年の十二月の手紙にあるんです。

ここまでに良寛の心を燃え上がらせた貞心。貞心もまた良寛と同じ気持ちになっていったからでしょう

木村様の「おばーちゃま」が良くおっしゃいました。「この恋」は良寛様が、一生懸命に生きられたから天が与えたご褒美だって。精いっぱい頑張って生きていれば、誰かが見ています。

年が明けて、十二年の水無月（六月）には、貞心尼が、待ちきれなくて、とうとう木村家庵室へ。手紙を出しても返事は、早くて十日、待ちきれません。

萩の咲く時に来むと契りし人の
水無月の中の頃来たりければ　　貞心

とても立秋まで、いや、萩の花が咲くまでは待っていられません。逢いたくて逢いたくてたまりません。良寛様！

やって来たのですが、運悪く…また、留守でした。

みあへする物こそなけれ　小瓶なる
蓮の花を　みつつ忍ばせ

せっかく逢いたいと思ってやってきたのに、留守でした。部屋はハスの花の匂いに充ちていました。おもてなし（みあい）する物は何もないが、小瓶のハスの花でも見ながら私を思ってください。

夕されば　燃ゆる思ひに耐へかねて
みぎはの草に　蛍とぶらむ　　貞心

蛍は良寛のあだ名でもあります。何回も「蔵王の渡し」に来て良寛の名を呼んだのでしょうね。

夕方になりますと恋しさが一段と高鳴ります。水際の草むらの蛍（良寛のあだ名）が、目の前にちらちらしています。

福島から島崎までは五里（二十キロメートル）ありまして、蔵王の渡しまで来てそこから船で下り、李崎で降り、歩いて与板を通り、塩之入り峠を越えて島崎まで、羽が有れば飛んでいきたい。

「夕されば燃ゆる」の碑

萩が花咲けば　とほ見と故郷の
草の庵を　いでし君はも　　良寛

萩が花はまだ遠い先なのに私に逢いに来て下さったのに…。

萩の花　咲くらん秋を遠みとて
来ませる君が　いくら嬉しき　　良寛

どれくらい嬉しいか。

この留守の時、密蔵院に行っていたらしい。

思いやり

乞食行脚の生活。山中独居の生活では、食べ物が豊富にあって腹いっぱい食べられたわけではないでしょう。

乞食行脚では、足を棒にしても、何ももらうことができなかった日もあったであろう。越後は毎年のように干ばつ、洪水。特に蒲原地方では、大変であった。米が無くても役人は許さなかったのです。子供を「ぜげん」に売って、ヤット生きているのですから。また、赤ちゃんが片手で持ってくる「稗一握り」「柿一つ」なんていう日はまだ良い方でした。

六十有余年　多病の僧
家は社頭を占めて人烟を隔つ
嵓根も穿たんと欲す深夜の雨
燈火明滅す孤窓の前

衣食住を戒語や詩歌から考えて見よう。

・衣

衣などは着たきりすずめ。妹の「むら」が時々面倒を見に来ていたし、自分でも洗濯はしたでしょうが、子供と一緒では毎日が埃まみれ。風呂だって毎日ってなわけにはいかなかったでしょう。寝まきも、仕事着も、普段着も一緒、風呂も無しでは、大変でしょう。

島崎の大旦那で藤井家は、決して良寛を表玄関から家に上げなかったと言います。

・食

良寛は酒、煙草、その他、食べ物をもらった手紙をたくさん残しておりますから、玉島から帰って来てからは、食には不自由はしないと思われがちですが、それらは、ほんの一時期、托鉢で回っても何にももらえない日もあったそうです。葉っぱや木の芽やキノコも食べたでしょう。

・住

五合庵や乙子神社草庵を見ましたが、たった一間と囲炉裏の生活。現代人では生活できません。

・養生

油濃き物を控えなさい。足に灸を据えなさいとは言っています。

一方もったいないという気もして、少しくらい腐っている物でも食べたのでしょう。良寛の手紙には、いんきん、たむし、腹痛、下痢、など。完全に治らなくとも乞食行脚は続けたのです。

・心理状況

「我が懐は武蔵ヶ原」と蚤虱の側にたっても、我慢の限界を超えていたのでしょう。よくノイローゼにならなかったものですね。

乞食《こつじき》僧の衣食住は本当に貧しいものでした。野草を摘んで食べて飢えをしのいでいたのです。

良寛がこれほどまでに苦しい生活をしてまで生きようとしたのは、四摂法の実践でしょう。

托鉢僧良寛

布施・愛語・利行・同事

仏法で人々に布施を行うには、言って聞かせる事であり、書いて知らせる事であり、やって見せることでしょう。また、言って聞かせるには、愛語を以って示さねばならない。そして、たえず相手の立場を重んじ、相手の利益になるように行動し、絶えず同じ立場にたって、思ったり、考えたりしてあげなければなりません。地位も名誉も権力もない、良寛には、人々の幸せの為、一緒になって考え、一緒になって泣いてあげる以外に、人々の心を安らかにさせて上げる事はできなかったのです。

良寛の書簡

良寛は書簡にも、話す事と同じように自分を戒めています。

どの手紙を見ても、要点だけしか書いてありません。

良寛は、頂き物をしたりすると、すぐ返事を書いています。現在残っている手紙は、二百七十通余りと言われている。

この秋（文政十三年）、木村家に「みち」が生まれた。ところがどうしたことか、母親の乳の出が悪い、運が悪い事に近所にも乳飲み子を持つ乳母がいない。家じゅうの者が心配していました。良寛も心配でたまりません。

そこでこんな言葉を思い出したのでしょう「七人目、白雪羔で育て上げ」という諺。白雪羔を湯に溶いて、お乳の代わりに「みち」に飲ませてあげようと思ったのです。

早速出雲崎と与板の菓子屋さんです。

要件と日付けと宛名だけの手紙です。戒語そのまま、書簡でも守っています。

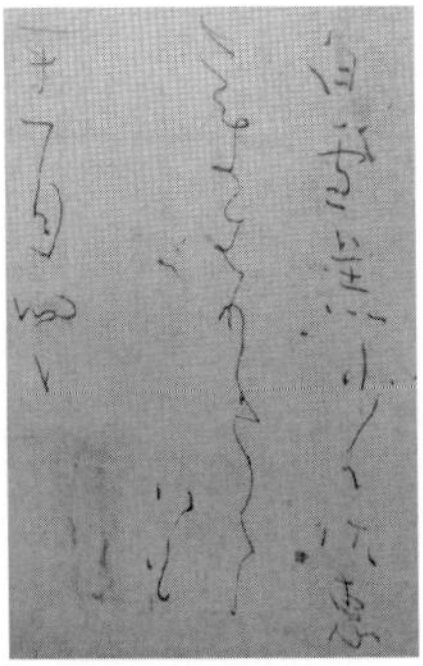

「白雪羔」無心の手紙

白雪羔少々お恵たまわりたく候

以上

例によって、候という文字は「てん」です。何のためにほしいのかとか、何もなく、いきなり用件だけです。これと同じ文で与板の菓子屋さんにも、その翌日の日付けで「他の菓子はいらない」と出しています。

菓子屋さんも良寛様からの依頼ですので早速送ってくれました。

効果があってか「みち」は元気に育っていきました。

良寛は、みちが可愛くてしょうがありません。おぶったり、乳母車で、神社やお寺の境内で遊んだりしたそうです。

書簡で表わされるのは書いている本人だけでなく、宛先である相手の人柄さえもうかがい知る事ができるのですね。

白雪羔は米粉と砂糖で左の写真のような物。

良寛の手紙で特徴と言えば短歌を付ける事でしょうか。次は文政十二年の暮れの手紙です。

山田杜皐老　良寛
今日赤人多来者利
宇也宇也之久納受仕候
火東和礼東散無
之数起間風
以都久毛於那之
於比良久能身波

十二月二十七日
良寛

今日は赤人（赤いローソク）をたまはり
恭しく納受仕り候
火とわれと　寒し
すきま風
いづくも同じ　老ひらくの身は

火を焚いて、我もいますがすきま風が入りこんで、寒いのです。どこも同じだとは思いますが老いの身には寒さが応えます。

今の暦では、一月二十二日ころです。最も寒い時節です。哀れさが胸にしみます。

春のもの

良寛は何となく身体が悪くなってきたという事に気が付いていたのかもしれない。体が以前よりきかなくなってきている。

・三条地震で沢山の人が亡くなった。
・おかのが嫁に行った。
・徳昌寺で無縁供養があった。
・大風が来た。
・周蔵の勘当が許された。
・「くがみ」の完成を見た。
・徳昌寺に一切経がそろった。
・「いやひこ和歌集」は、完成していない。

環境が何となく変わり始めている。

こんな時、ふと自己完成を、自身の芸の完成を考えるものです。「生」ある限り「不退転ナラン」と良寛の凄さは分かるが…。

文政十二年の詩歌を見て見ましょう。

良寛は野草・薬草の利用についても大変詳しかった。一人で生きるんですからね。

春の野の若菜摘むとて塩のりの
坂のこなたに　この日暮らしつ

良寛は弟・由之、貞心尼が越えてきた、その坂をしみじみ思っています。

我が為と　君が積みてし初若菜
見れば雪間に　春ぞ知らるる　由之

塩之入りの峠を挟んで与板側と島崎側では雪の消え方が違って、島崎側は二週間は早い。そこで春の若菜などは、与板では珍しかろうと与板の由之に送ったものである。

何という友情、兄弟愛であろう。まったく敬愛の中ですね。

ひさかたの雪消の水に濡れにつつ
春の物とて摘みて来にけり

着物の袖が濡れてしまったが、珍しい初春の物だから摘んで来ました。
セリ、ナズナ、ゴギョウ、ハコベラ、ホトケノザ、スズナ、スズシロの七草はもちろん、そのほかの物も摘んだのでしょうね。

雪解けに　み坂を越さば心して
つとに越してよ　その山坂を

由之には特に、塩入り峠を越えるに気をつかい、つと（注意して）に越してよと、いたわっています。

次の句は、被災者のために代わって詠んだ句です。

当時「税」は商人には掛けられていなかった。与板の廻船問屋の大坂屋が三条に米や物資を送りました。三輪権平（廻船問屋の主人）が地震の被災者に米を送って大変悦ばれました。
良寛が感謝して次の歌を作っている。

あらたまの年は経るとも
さすたけの君が心は忘らえなくに

この度は本当にありがとうございました。被災した人々は、涙を流して喜んでいます。
良寛も自分の事ととらえてお礼を言っています。忘らえなくに（忘れられないよなあ）。

文政十二年の詩歌・続

梅の花
老いが心を慰めよ
昔の友は今あらなくに

梅一輪　一輪ごとの温かさ　と言われるように、春が一輪咲くごとに暖かくなってくる。良寛にとって春ほど嬉しいものはない。俺の友達は逝ってしまって誰もいないが、梅の花を見ているると何故か慰められるなー。

梅の花

鶯の
この春ばかり来ぬ事は
こぞの騒ぎに身まかりぬらし

はて、鶯が鳴かないが、こぞ（去年）の騒ぎ（地震）で死んでしまったのだろうか、なぜか泣き声がしないなー。

ももなかの
いささむら竹いささめの
いささか残す水茎の跡

徳昌寺で無縁供養があったが、有り難い仏様のような与板藩主様の為に、私の感謝の気持ちを少しばかりだが、書いて残しておこう。

いささの「い」とは井戸の事ですが、この場合は領主様の供養の恵みを指す。「ももなかの」は「い」の枕詞。

あしびきの
み山の茂み　恋ひつらむ
我も昔の　思ほゆらくに

これは歌集「くがみ」の詩集の最後に出て来る、籠に飼われている小鳥を見て詠まれた句です。小鳥さん、あんたも山々の茂みが恋しいか、私も昔の事が懐かしくなるもんなー。
この句が載っているので「久賀美」の詩集の完成は、文政十二年か三年だという事がわかります。

世の中に
こふしき物は　浜辺なる
さざいの殻の　蓋にぞありける

これは、弟由之に宛てた手紙に書いてある歌です。良寛が塩をもらったが入れ物の蓋が無かった。それでこう詠んだのです。

文政十二年の十二月八日付けのものです。由之はすぐに歌を書いて送ってくれます。
サザエの蓋がないので海の神に「幣す」贈り物をする事があれば見つかるだろうね、との返事。

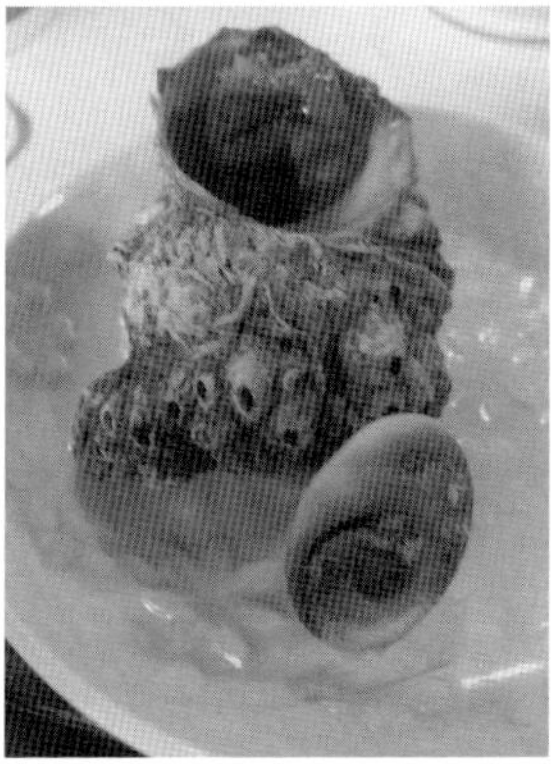

荒磯海《ありそみ》の
沖つみ神に幣《まい》しなば
さざいの蓋は　けだしあらむかも

荒海の沖の向こうの神様に贈り物をすれば、さざえ蓋は、あるかもしれないなあ。

良寛様に逢いたい②

話を貞心尼との唱和に戻します。
文政十一年の秋。托鉢で福島に立ち寄った時、また来年も元気なら逢いたいものですね、と約束して別れています。五月の台風で心寂しくなったのか、次のような歌を詠んでいます。貞心も、良寛も萩の花の咲くのを待ってはいられなくて、

萩が花　咲けば遠見と　ふるさとの
しばの庵を　いでて来し我が　良寛

これまでに良寛の心を燃え上がらせた貞心。同じ気持ちになっていったからでしょう。
木村様の「おばーちゃま」が良くおっしゃいました。「この恋」は良寛様が、一生懸命に生きられたから天が与えたご褒美だって。精一杯頑張って生きていれば、誰かが見ています、って。

年が明けて、十二年の水無月（六月）には、貞心尼が、待ちきれなくて、とうとう木村家庵室へ。手紙を出しても返事は、早くて十日待ちきれません。

萩の咲く時に来むと契りし人の
水無月の中の頃来たりければ　貞心

とても立秋まで、いや、萩の花が咲くまでは待っていられません。逢いたくて逢いたくてたまりません。良寛様—。やって来たのですが、運悪く…また、留守でした。

夕されば　燃ゆる思いに耐へかねて
みぎわの草に　蛍とぶらむ　貞心

「夕されば」碑

何回も「蔵王の渡し」に来て良寛の名を呼んだのでしょうね。

夕方になりますと恋しさが一段と高鳴ります。水際の草むらに蛍（良寛のあだ名）が目の前にちらちらしています。

福島から島崎までは五里（二十キロメートル）ありまして、蔵王の渡しまで来て、そこから船で下り、羽が有れば飛んでいきたい。

萩が花咲けば　とほ見と故郷の
草の庵を　いでし君はも　　　良寛

萩が花はまだ遠い先なのに、私に逢いに来て下さったのに…どれくらい嬉しいか。残念、

みあへする　物こそなけれ　小瓶なる
蓮の花を　みつつしのばせ　良寛

庵はハスの花の匂いに充ちていました。おもてなし（みあい）する物は何もないが、小瓶のハスの花でも見ながら私を思ってください。

せっかく逢いたいと思ってやってきたのに、留守でした。この留守（密蔵院に行っていたらしい）の間に、貞心が来るかもしれない。そう思ってハスの花を活けて行ったのでしょう。なんて優しいんでしょうね。良寛が留守中に来るとでも思ったのでしょうね。

この年は逢えないまま終わりました。

気心知れた者同士

年が明けて十三年の春、貞心尼は、良寛さんが与板に遊びに来ていらっしゃいますよ、と聞き、与板にやって来ました。歌会が行われていました。

急ぎもうでけるに、明日は、はやどこかたへ渡りたまふよし、ひとびとなごりおしみて物語り（雑談）聞こえかはしつ。打ち解けて遊びけるが中に、禅師の君は色黒く衣も黒ければ「今よりからすとこそもうさめ」と言ひければ「げによく我にはふさひたる名にこそ」と、うち笑ひたまひながら、

いづこへも　たちてをゆかむ
あすよりは　からすてふ名を
人の付くれば　良寛

どこえでももう行けるようになった嬉しい。皆さんから、カラスというあだ名をもらったもの、カラスって羽があるから、何処へでも行けるんだよ、と歌えば

やまがらす　さとにい行かば
子がらすも　いざなひてゆけ
はねよわくとも　貞心

親ガラスが里に行くんなら、小ガラス（貞心）も一緒に連れて行って下さい、まだ羽が弱いですが、と、小ガラスの貞心が甘えてきました。サーどう答えます？早くご返事をしてください。するど良寛、

いざひいて　ゆかばゆかねど
人の見て　あやしめ見らば
いかにしてます　良寛

誘って一緒に行きたいがのー。人が見たら何というと思う？　あの二人あやしい仲じゃないか、っていうだろうが。人が見たら何とする？

それでもいいのですか、えー。あやしい仲だと言われてもいいんですか、サーどうだ、答えられるか。どうだ参っただろう。

ところが、すかさず、

貞心、「どうだ」とばかりに、さらりと切り返す。

とびはとび　すずめはすずめ
さぎはさぎ　からすとからす
なにかあやしき　　貞心

とびはとび同士、スズメはスズメ同士、サギはサギ同士。私達はカラスです。カラス同士仲間ではありませんか、どうして怪しいなんて思われましょう、何があやしいものですか。やり返したのですから、さすがの良寛も一本取られてしまった。

冗談をさらりと歌に託して詠むあたり、尋常な歌詠みではありません。

歌会って題を決めたり、詠み手を決めたりして歌を詠んだのですねー。

「とび・カラス 何かあやしき」碑

やがて歌会も終わり、

「私は宿に帰ろう。明日また訪ねますよ」と、言って帰るのです。

恋草の重み

ではお休み。私は帰りますよ。あんたは此処の家で泊まりなさい。この続きは明日にしましょう。

いざさらば　われはかへらむ
きみは此処に　いやすくいねよ
はや明日にせむ
良寛

いざさらば＝さようなら、私は帰りますが、貞心さん、あなたは此処に泊めて頂きなさい。安心してお休みなさい。もう明日にしましょう。

では、私は帰りますが、あなたは此処、大阪屋で休みなさい。後は明日にしましょう。良寛は山田杜皐の家に泊まったのでしょう。

貞心尼の『蓮の露』によれば、あくる日、訪い来給えければばと。

では、どうなったのでしょう。朝早くから良寛はやって来ました。

歌や詠まむ　てまりやつかむ
野にや出む　君がまにまに
何して遊ばむ
貞心

甘えてはいますが、貞心も歌詠み、歌心も伝わって随分うまくなったものですね。

歌も詠まむ　てまりもつかむ
野にも出む　心ひとつを
さだめかねつも
良寛

まるで無邪気な子供です。歌も詠みましょう。手まりもつきましょう。野にも出ましょう。したいことが沢山あって一つだけに決められません。

いかにせむ学びの道も
恋草の繁りて今は
ふみ見るも憂し　**貞心**

どうしましょう。学問の道に恋という草がどんどん生えて来て、今では勉強するのもうっとうしくなっています。歌にのせて訴えているではありませんか。よくもまー堂々と言えたものですねー。

ところが、良寛も負けてはいません。

いかにせん牛に汗すと思ひしも
恋の重荷を
今は積みけり　**良寛**

尻取り方式で、歌の最後の「憂し」を「牛」に代えてやり返しているではありませんか。

私は牛が汗かいて引っ張るほどの学問をして来たと思ったけれども、なんと、それ以上の「恋」という重さを背負って喘いでいます。

良寛との対話

この「おのろけ」とも取れる歌でやり返しているではありませんか。貞心尼は良寛について歌も習いたいと思ったのです。良寛と歌のやり取りをしているうちに、見る見るうまくなったと思いませんか。

さすが幕末の三大女流歌人の一人、貞心尼です。後の二人は、加賀の千代、京都の蓮月尼です。

人を恋うる

次の句についてはいろんな人がいろんな観点から書いていますのですが…。

世の中に
交じらぬとには　あらねども
ひとり遊びぞ　我はまされる

良寛の句に、
ひとり遊びのほうが、良寛は好きだというようにとられがちですが、良寛だって人の子、人がいたほうが良いに決まっています。

夕されば
みぎわにすめる　鴨すらも
羽がひ交はして　寝るてふものを

水辺の鳥、鴨だってそうだ。夫婦になって特にだんなさんに死なれた場合は、大変でした。

秋の日に
光り輝く　すすきの穂
これのお庭に　立たして見れば

これだって誰かに誘われて、二階か、三階にのぼって、俯瞰したときの第一印象の歌でしょうね。友達っていいねー。

秋日和　千羽雀の　羽おとかな

これはまた、千羽すずめとは大げさですが仲間が群れを成していたのでしょうね。そういえば、すずめもめっきり少なくなりましたね。

あづさ弓
春の野に出て　若菜摘めども

さすたけの君と摘まねば
籠にも満たなふに

単なる歌でなく、ひとりの寂しさがひしひしと伝わってきます。

秋萩の
花の盛りも　過ぎにけり
契りしことも　まだ遂げなくに

この句にいたっては、もう何をかいわんやですね。

木村家草庵に来てから変わったこと。それは、他力本願の「南無阿弥陀仏」に変わった事。なぜ禅宗から宗旨替えしたんでしょう。

それに「論語」がおびただしく多い事です。

次は、俗謡とも盆踊り歌とも呼ばれていますが、私達、人間は決してひとりでは生きていけません。動物だっておなじでしょう。

鮎は瀬に住む　鳥は木に止まる
人は情けの　したに住む

人生五十年時代です。しみじみ人生のはかなさを感じるのでしょうね。考えて見てください。木村家草庵以外に「人は情けの下に住む」などと「山中独居」の時は言わなかったようですが…。

先を争う世

里人のしきりに（み）まかれける頃に。

忘れては
驚かれけり　もみぢばの
先を争ふ　世と知りにつつ

良寛がなぜこんなに変わったのでしょう。死を予感してますねー。

小山田の桜

貞心尼との歌会の後、三月に、弟の「由之」を訪ねています。ところがあいにく由之は留守でした。

しをりして　行とはすれど　老の身は
是や限りの門出にもあらん　由之

分かるようにして行こうと思いますが、年を取った老人の身だから、これが最後の機会になるやもしれない。と、読みかけの本の間に「しおり」して、机の上にありました。

良寛はそれを見つけると、しおりの端に、

我はもよ　斎《いは》ひて待たむ　平《たい》らけく
山田の桜　見て帰りませ　良寛

私も身を清めて待ちましょう。何事もなく山田の桜を見て帰りませ。

小山田の　山田の桜　見む日には
一枝《ひとえ》を送れ　風の便りに　良寛

小山田の、山田の桜を見るような日には、風を使いとして一枝送ってほしいものだが。一枝で良いから、風を使いとして送ってほしい。とは何とほほえましい兄弟でしょう。

良寛も見たかったでしょうが、次の正月に亡くなるのです。

由之が与板を出発したのは、文政十三年三月二十日ですから陽暦では四月十三日に当たります。

その頃の桜は、現在のソメイヨシノでなくてやま桜でした。

この桜は五泉市村松在にあります。当時は有名だったのです。

小山田の桜（村松）

桜が終わると、四月は藤の花の時節です。上桐（和島村上桐）の庄屋柄澤栄清の日誌によれば、「良寛尊師、我が里の宮（上桐の石部神社）の藤波を詠じ給う」とあります。

この宮の
み坂に見れば　藤波の
花は盛りに　咲きにけるかも

この宮のとは、上桐の石部神社の事です。藤は房の上から咲いてきます。この咲き具合、この香り、そよ風に揺れる感じ、何ともいえぬ風情。だから、「花は盛りに咲きにけるかも」なんでしょうねー。

当時、藤の老木があって見事な花を咲かせたそうです。そして、房に花が上から順々に咲いてくる、その房が鈴なりで本当に見事だったそうです。

藤の花

いやひこ和歌集、完成

良寛は「久賀美」の句集を書き終えると、すぐに「いやひこ和歌集」に取り掛かっています。死がやって来るまで必死になって生きようとしています。生きる目標を絶えず二つなり、三つと持っているのです。それを次々にこなしていくのです。この生きる姿こそ学びたいものです。

和歌集の二巻、三巻から見て見よう。

長歌については、前に述べましたが、万葉集以後、途絶えていたものを良寛が復活させたのです。その功績は本当に大きいと思います。

わが宿の　垣根にうへし
秋萩や　ひともとすすき
おみなへし　しおになでしこ
ふじばかま　おにのしこ草
抜き捨てて　みずを運びて
日覆ひして　育てしからに
たまぼこの（道の枕詞）
道もなきまで　はびこりぬ
朝な夕なに　行きもどり
そこにいでたち　たちてゐて
秋待ちどふに　思ひしに
時こそあれ　皐月の月の
二十日あまり　四日の夕べの
大風の　きおひてふけば
あらがねの（土の枕詞）　土に倒りて
ひさかたの（雨の枕詞）　あめに乱りて
ももちぢに　なりにしぬれば
門さして（門しめて）　足づりしつつ
寝ねぞしにける（寝てしまった）
いともすべなみ（どうしようもない）

七五調で書かれています。時々枕詞などを入れリズムがとてもいい。

もう一つ第二巻から。訳や意味は考えながら何回も読んでください。

風交じり　雪は降りきぬ
雪交じり　雨は降りきぬ
このゆふべ　起きゐて聞けば
雁がねも　天つみ空を　なづみつつ行く

しきしまの大和の国は
いにしへゆ　ことあげせぬ国
しかれども　我はことあげす
すぎし夏　弟の賜ひし
作り皮　いや遠白く
たへの穂に　ありにしかばや
我が家の　宝と思ひ

彼岸花

行く時は　負ひてもたらし
寝る時は　ふすまとなして
つかの間も　吾が身を去らず
もたりせど　くしきしるしも
いちじるく　あらざりければ
このたびは　深くかふがへ
ことさらに　夜の衣の
上にして　（床にひきはへ）
そが上へ　わが肌つけて
ふし寝れば　夜はすがらに
熟睡《じゅくすい》して　ほのりほのりと
み冬つき　春日に　向かふ　心地こそすれ

反歌
何をもて　こたへてよけむ　たまきはる
命にむかふ　これの賜物

反歌とは長歌の後に添える短歌。長歌に対する補足でもあります。

天災・干ばつ・長雨

文政十一年には大地震。十二年には五月に台風。十三年には、何日も雨が降らず大干ばつ。昭和の戦後になってようやく天災の無い年が多くなったが、それまでは毎年、大水、大雪、水害、干ばつが越後地方を襲いました。良寛は人々の苦しみを歌に残しています。

海女の汲む
しほのりざかを　うち越えて
今日の暑さに来ます君はも

由之をねぎらっての歌である。「海女の汲む」がしおのりの枕詞のような使い方であり、由之が汗びっしょりの様子が目にうかんでくる。

いとどしく
老いにけらしも　この夏は
我が身一つの　寄せどころ無き

これも同じ日であろう。いたく年を取ってしまった私も、この夏は暑くて居場所が無いですて。

我が心
雲の上まで　通ひなば
到らせ給へ　天つ神漏岐《かみろぎ》

かむろぎ=男の神。どうか雨をお願いします。

我さへも
心にもなし　小山田の
山田の苗の　しほるる見れば

私が植えた苗ではないが、しおれている苗を見るに耐えられない。

ひび割れする田

あしびきの
山田のおじが　ひめもすに
い行きかひらへ　水運ぶ見ゆ

山田の男の人が一日中水を運んでいるのが見えるがたいへんだなー。

手もたゆく
植うる山田の　乙女子が
歌の声さへ　やや哀れなり

水も少なく手も疲れるだろうに、乙女子の歌う田植え唄が元気がないようだなー。

ひさかたの
雲の果たてを　うち見つつ
昨日も今日も　暮らしつるかも

毎日雨が降るように空ばかり見ています。

ひさかたの
雨の降らなむ　あしびきの
山田の苗の　隠るるまでに

田んぼの苗が隠れるほどに雨よ降ってくれ！

暑くとも

良寛は、すでに体の変調を七月頃から察していた。腹の調子が優れなかったのです。ときどきはげしい下痢になやまされていたのです。

文政十三年の夏は記録的の猛暑であった。良寛は時々、生まれて二つになる「みち」をおぶって出田神社を訪れています。

境内はいつも静かで、鬱蒼とした林、老木古木に覆われて心地よい涼しい風が吹いてくるのです。しかも庵室から二百メートルもあるかのようですので、絶好の避暑地でもあったのでしょう。

また、庵室の前には大きな芭蕉の樹があり、そこの日陰で一日中歌や詩を作っていたというのです。昔はお寺や神社には、芭蕉の樹があったものです。

芭蕉

次の歌なども芭蕉の樹蔭で作ったものでしょう。

窓前芭蕉樹　そうぜんばしょうのき
亭亭々払雲涼　亭々として雲を払って涼し
読歌又賦詩　歌を読み又詩を賦し
終日坐其傍　終日その傍らに坐す

読むだけで、情景が目に浮かび意味も分かりますね。

次は、境内の周りにある林を歌ったものです。

み林は　いづくはあれど
越路なる　三島の里の
出田の宮

白雪羔の関係もあってか、赤ん坊の「みち」を可愛がって、おぶったり、乳母車にのせたりして、この出田神社に出かけ涼んだり、あやしたりしたそうです。

七月十六日の漢詩、

何処消蒸炎
独愛出田宮
民民盈耳蝉
冷冷出林風

何れの処にか蒸炎を消さん
独り愛す出田の宮
みんみん耳に満つるの蝉
冷々林を出ずるの風

どこでこの暑さをしのいだらいいのだろう。ああ、そうだ。出田神社に行ってみよう。うるさいほど蝉が鳴いている。

出田の宮

涼しい風が吹いてくるわねーと、情景がストレートに浮かびます。

漢詩は、かなと同じように、詠んだまま、言葉のまま漢字を並べています。これも良寛が工夫をした結果こうしても、詩は書けるんだ、という見本でしょうか。

水神相伝

良寛の自作の作品に、水神相伝というのがあります。島崎川での河童の伝説です。遊びに疲れると、月の兎の話と共に子供達に語ってくれたのでしょう。楷書で残っていますが、名品のひとつでしょう。

木村家の斜め向かいの桑原佑雪医師の家の口伝いに伝わった話を、良寛が書き留めたものともいわれている。（訳は、左側です）

水神相伝

北越桑原氏、是先賀人、
北越の桑原氏、是先は加賀の人
中移於島崎荻川之上而家焉、
中ごろ島崎荻川のかみに移って家す
家世業医、業餘為農、一日従農還、
家は世々医を業す、一日農より帰り
維馬於岸柳、日正渟午、
馬を岸の柳につなぐ、日は将に正午
水神偶出而曝背、候其適無人、
水神たまたま出てきたが人はいなかった
解絆自纏、将牽入於水、
絆を解き、将に水に引き入れんとした
馬躍而疾走、水神力不能支、
馬驚いて疾走し、水神支えを失って
被却牽而入於厩、馬而不止、
かえって厩にひきづられた
家翁往見之、
家の主人が之を見つけて
一椎子於馬絆　而啼、
子供が絆に引っかかり、馬も泣き止まず
其面如血盆、垂髪及肩、
其顔は血がでて真っ赤、かみは肩まで垂れ
翁怪之将刀断其臂、
主人怪しんで其子を刀で切ろうとした
稚子流涙云我有霊方、
子供涙を流して我に霊力有り

秘之久矣、幸腸命則伝之、
　隠していたが助けていただけるなら
不則必為子孫之殃、
　子や孫にも伝わる宝となろう
翁意謂是水神跪釋其絆、
　主人之は水神様だとひざまずき絆を解き
送到予河、慇懃告別、
　慇懃に別れを告げて河へと返した
其夕持一器来、形香奩、
　其日の夕方一個の香炉のような
大如椰子、函蓋合焉、
　椰子のようなものを持ってきた
謂帯之者治血痕、
　之を用いたら、すぐ血が止まる
且喝喰云雖親雖子慎勿開、
　但し親子といえども蓋を空けてはならん
併伝其薬方、世所謂阿伊寿《アイス》也、
　併せて其使い方世の言うところアイスなり
其器秘東乎厨庫以此験之、
　其器は隠しておけ
其験如神、尓後叩其門者、
　其霊験神のようだ　その後門を叩く者
日夜読踵、
　日夜列を成す
自今而上五世之祖也、
　今よりさかのぼる事五世代前
始祖到于今而上蓋十有三世。
　始祖より今に至るが、十三世のことだ

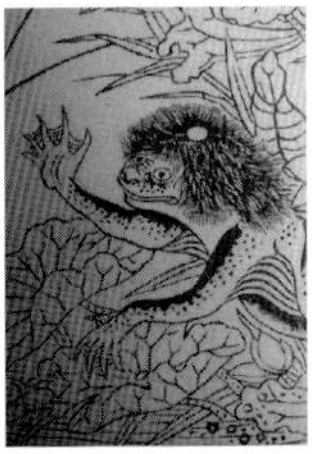
水神様

良寛の書は「この筆法で」と決めたなら、心落ちつけて最後まで筆遣い、気持ちの穏やかさが変わらないことです。何枚書こうとも、付け墨を何回やろうとも、書式は変わらない。全く凄い人です。

生きる喜び

盆踊りができる。これは神へのお礼でもあり、民の娯楽でもありました。八月十四、十五、十六日は越後では、どこでも盆踊りをやっていました。

六夜祭。これは、出田神社から下社までの約一キロメートルを神馬を先頭に天狗の神々様やその後に弓踊りと続くのであるが、天に向かっての五穀豊穣を願っての踊りが楽しみです。

手拭で年を隠すや盆踊り
いざさらば暑さを忘れ盆踊り

生きる事の大切さ、素晴らしさ。

死を間近にした良寛は今こそ生きたいと思ったに違いない。

いざ歌へ
我立ち舞はむ　ひさかたの
今宵の月に　寝ねらるべしや

サー皆さん歌って歌って、わしゃ踊りますよ。こんな良い月夜に眠ってなんかいられますか。中元の頃の盆踊りは、どこの集落でも徹夜で踊り明かしたそうです。また踊りもちょっと違うだけで直ぐ踊れたそうです。

島崎おけさ
そろたあ　そろたよ　踊り子がそろたよ
稲の出穂より　あそれ　よくそろった
アホンダれ。ほんだれ
島崎おけさはよ　下駄履いて踊れよ
下駄の響きで　あそれ　しゃみはいらぬ

風は清し
月はさやけし　いざ共に

踊り明かさむ　老の名残に

後になると、気持ちも変わるし、環境・ムードも変わります。少しニュアンスも変わります。前の物と比べて読んでみましょう。

もろともに　踊り明かしぬ
秋の夜を　身にいたづきの
ゐるも知らずて

身にいたづきの　ゐるも知らずて。もう自分は長い事はない、病状の進み具合から、行く先の身近いことを知っているんですねー。それにもかかわらず、明るく元気の出る歌を詠んでそして、人々を元気にしていますねー。

エピソードに、良寛は盆踊りをこよなく愛したそうです。そして、よく女装をして踊ったそうです。

おやー。この娘子は何処の娘っ子だや。馬鹿品よく踊るねか。そうだそうだ村一番の踊り手だのう、等と良寛様だと分かっていても、そう言われると良寛様はますます得意になって踊ったという事です。

踊り大好き

そういえば、与板の盆踊りの山田杜皐様から、踊り手拭を借り、与板の盆踊りでも踊ったことで、有り難かったという手紙が残っています。

迷走する良寛

時間さえあれば、良寛は創作活動に夢中になっていたように思われます。歌と言い、詩といい、論語といい、はたまた真言宗といい、考えをめぐらせていたようです。

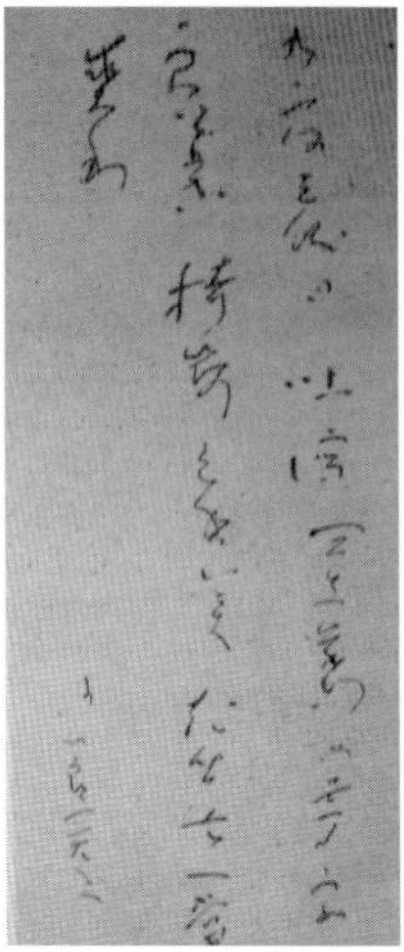

九夏三伏の手紙

九夏三伏日（夏の暑い盛りの日に）
吐灑四支萎（ひどい吐き下しをわずらって身体がすっかり衰え弱ってしまった）
・・・・・・・・・・・
爽利（よく効いたようだ）

九夏三伏日、時候の挨拶で使ってみたいですね。こんなことはどうでもいいが、暑い日に吐いて苦しみ、薬を飲んでよくなったように思う、という詩です。「書」に弱々しさが出ましたね。

良寛は、非常に病気がちだった。乙子神社草庵から島崎の木村家草庵に入るに当たって、この事をまず考えたようです。病気になったらどうしよう。生きられる間は生きて世の人々を救ってあげたい。是が一番強かったのでしょうが、精神力だけで病気に勝てるか。

島崎に来る前には、西生寺の木食聖人を見て今後の生き方を十分考えたはずです。ミイラとなって、聖人君子の仏様と成るか、老人となった時、どう生きるか？

やまたづの向かひの岡に　小牡鹿立てり
神無月
時雨の雨に　濡れつつ立てり

で、凛として立っているのは、私ですよ、と言っていますが、島崎に来てから変わります。

あい（鮎）は瀬にすむ
鳥は木に止まる
人は情けの下に住む

人は助け合って仲良く暮らすのが一番いいのだ。人間良寛に変わってきました。更に、良寛に辞世あるかと問われたら、

草の庵に
寝てもさめても　申すこと
南無阿弥陀仏　南無阿弥陀仏

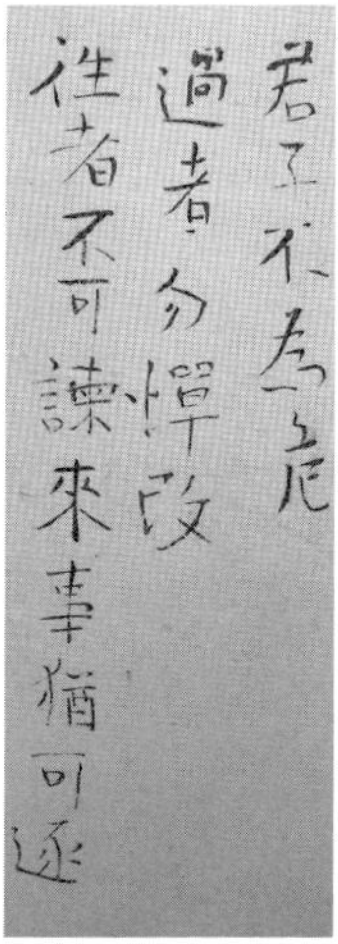
論語

あれれれ。良寛様は禅宗のお坊さんでなかったの？　他力本願？　雑炊宗だと笑う人もあるが。良いものは、よいものです。

君子不為危＝君子はあやうきを成さん
過者勿憚改＝過ちは改むるに憚る事勿れ
往者不可諌来事猶可遂＝往者は諌むべからず。出来事は猶おおうべし、すぎたことはしょうがないけれども、これからのことは、やりとげなければならない、

と言うことなのでしょうか。

人間としての生き方を説いたおびただしい数の論語も書き残していますが、西生寺でミイラとなって、木食聖人のようになったとしたら、私達は果たして「良寛様。良寛様」と親しく呼ばれたでしょうか。

人の情けが判り、人は人として生きる。喧嘩嫌いな平和主義の人間良寛。強さだけでなく弱さもある良寛が、私は最も好きです。

心残り

秋萩の
花の盛りも　過ぎにけり
契りし事も　まだ遂げなくに

貞心尼にどれだけ逢いたかったか、この句からもひしひしと伝わってくるではありませんか。

形見とて
何残すらむ　春は花
夏ほととぎす　秋はもみじ葉

「よせこ」の、形見がほしいというので送った歌がこれです。

心あらば
問わましものを　夕暮れの

おかの松の木　幾世経ぬると

夕暮れの
岡の松の木　人ならば
昔のことを　問はましものを

良寛の友達・知り合いの人も数が少なくなってしまった。誰にこの心境を伝えたら分かって貰えるんだ。松の木よおまえたちが人間ならよかったのにな―。

夕暮れの丘

いろんなことを見聞きして来たでしょうから話を聞いてみたいが…。
（今では分水の川の中の土手にありますが、当時は丘だったようで、西山の夕日がとても美しくまさに夕暮れの丘でした）

行く秋の
哀れを誰に　語らまし
あかざ籠に入れ　帰る夕暮れ

良寛のこの句ほど、現代の同年代の人たちに共鳴される句はないと思われるのですが…。
良寛の亡くなる前の年は、天候不順で夏は猛暑続きで、秋の長月になって今度は雨続きだったのでしょうね。

秋の雨の
日に日にふるに　あしびきの
山田の小父は　奥手刈るらむ

おくて刈る
山田の小父は　いかならん
一日も雨の　降らぬ日はなし

ひさかたの
雲吹き払へ　天つ風
浮き世の民の　心知りせば

天の川
川瀬の堰や　切れぬらし
今年の年は　降り暮らしつつ

良寛は、また心優しくお百姓さんの気持ちも汲んで、雨の中、小父《老人》にとても気を使っていますしねー。

虫の音も　残り少なに　なりにけり
夜な夜な風の　寒くしなれば

逸話に見る良寛

詩歌や書といった芸術分野での良寛は、並ぶべき人がいない。

しかし、あの良寛が親しみをもって「良寛さーん」と言って迎えられるのは、逸話に見る豊かな人間性を見逃すわけにはいきません。

当時、牧が花（分水町）の解良栄重・その父叔問とが書き残した『良寛禅師奇話』には、味わい深いものがたくさん載っているので紹介しよう。

師、常に黙々として、動作閑雅にしてあまりあるが如し、心広ければ体豊かなりとはこの事であろう。

師、酒を好むも酔狂を見たことがない。また煙草も好まれた。

師、忘れものが多く、そのため書きつけて置く。

師、人の家に行くと、どこから来ましたかと聞かれる。（聞いたって無駄だろうが…）

師、読経の声、はらわたにしみ透った。聞く者は心から有り難いと思い信心の心を起こさずには居られなかった。

師、毬つき、おはじき、若菜摘み、子供たちと群れをなして遊ぶ。ある日、市場でセリを見て余りの高値に、一貫、二貫と値が上がるごとに驚いて身体をそらした。それを見た子供たちが、遊びに一貫、二貫という。終いには倒れてしまう。それがおもしろくて、一貫、二貫、三貫で遊ぶ。そして倒れると良寛さんのお葬式。木の葉や木の枝を体にのせて南無阿弥陀仏と、囃したてる。

師、托鉢の時。ここは「半兵衛」の家だ、と聞くと忍び足で通り、次も「半兵衛」の家だって言われると忍び足。その恰好が面白いのでまた、「半兵衛」の家だと囃したてる。「半兵衛」は酒に酔って良寛をいじめたことがあるそうです。それ以来、半兵衛と聞くだけで逃げ回っていた。

師、平生喜怒を表したことが無く、失言もない。飲食起居は悠楊で愚人の様であった。

師、自分の持ち物には「おれがの」と書いてあります。

師、よく人の為に病気の看護や、身の回りの世話をしておられた。

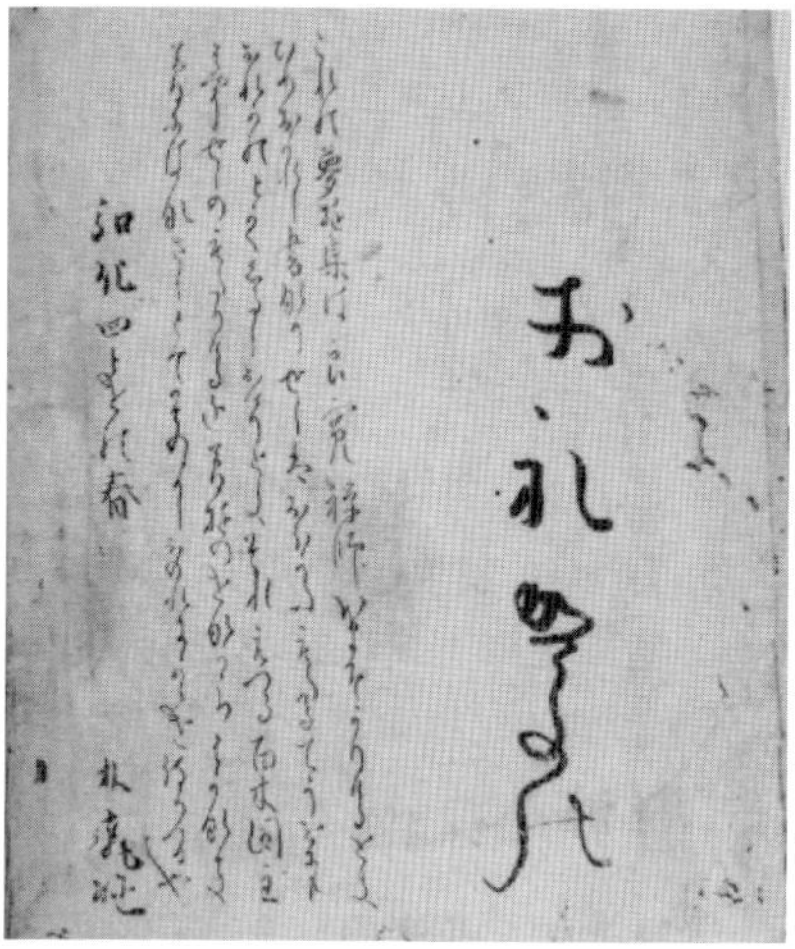

おれがの

師、人の噂ばなしをしたことが無かった。

師、手拭いで顔を隠して、女のように品よく踊る。そばで師なる事を知っていて、この女子はかっこいい子だなー、と言われると、ますます調子に乗って、踊られた。

師、ヤカンの直径を藁すべで計り、酒をとっくりで、貰って来られ、ヤカンに入れて温められた。

余が師に問ふ。歌を学習するに何を、手本にすべきですか。師曰、万葉を読むべし。

余は、師から小さい時ア、イ、ウ、ヱ、オの五十音を習った。わが国では、まだ、真淵・本居の本が無い。終止形、連体形、命令形の活用を習った。しかし、余は、浅はかだったので、要領をつかむことができなかった。今になって悔やんでいる。

禅師奇話　つづき

盗人が草庵に入った。しかし、盗むものが何にもない。布団に手をかけたので、わざと寝がえりを打った。盗人はこれ幸いと布団を布団を抱えて行ってしまった。その時詠んだ句が、「盗人に取り残されし窓の月」である。

正貞（医師鵲斎の子）禅師に問う。金儲けをするにはどうすればよいですか。師曰、仕事を熱心にし、人の暮らしを見ないことだ。

師、余が家に三、四日泊られた。上下自ずから仲良くし、和やかな気分になった。師が帰られても当分の間は、自然と和やかになっていた。

余は師が如何なる理由で宗派を変えて仏門に入られたかを、釈、遍澄（願王閣の庵主）に聴きたいと思っている。不思議でならない。

貞心。棺に収めた師を、もう一度見たいという。哀惜の情にたまりかね、棺を開いた所、禅師端然とそこにあり、威厳を以って、まるで生きているようであったという。

師、山田杜皐（与板の良寛の従兄）の大事に育てていた庭の、白牡丹の花を折ってしまった。

「いかに良寛様とて、ゆるすわけにはいかない」と、戯れに絵筆を取って良寛様が花を盗んでいく所を画に描いて、

「さー、ここに賛をしてください。そうすれば許してあげます」

と言った。仕方なく良寛様は筆を取って、

「良寛僧が　今朝の朝
　花持て逃ぐる　御姿
　　後の世まで残らむ」

と、書きました。

師はいつも国仙和尚（大忍）から頂いた印可の偈（僧の卒業証書）をもっておられた。

「良や愚の如く道うたた寛（ひろ）し
騰騰任運　誰か看ることを得ん
為に附す山形爛藤（らんとう）の杖
到る処壁間に　午睡閑かなり
水月老衲　仙大忍」

長岡駅の良寛像

（良やお前は愚のように見えるが、誰も及ぶ所がない。今、爛藤の杖を与えるが、分身だと思って生涯離すな）

師、神々しいほどの気に満ちておられ、奥ゆかしい人でした。それは、神か仙人のようであった。背が高くすらりとし、又、鼻筋が通り、目は鳳凰の眼のようであった。性格は温かいが厳正に見つめておられた。誰か、似たる人を探したが、見つからず。亀田鵬斎曰、喜撰法師（宇治に隠れ仙人になった）以後には、こういう人はいないでしょう。良寛様だけでしょう。

　良寛は、過去を語らなかったので解良栄重の『禅師奇話』が人物を知る上で貴重なものとなっています。良寛の人間性を知る上で欠かす事のできないものであろう。

お別れ間近

再び貞心尼との話。

七月初めに禅師の君、患いたまいしと聞きて六日の日に、朝早く発って木村家の庵を訪れると、具合は良くなかったようであるが、

しほのりの
坂の暑さも　思ほへず
君をこひつつ　朝立ちてこし　貞心

何事もなかったようにお答えになられた。

あまのくむ
しほのり坂を　うちこえて
今日の暑さに　来ます君はも　師

この暑いのにしおのり坂を越えて来るなんて大変な苦労だったねと、ねぎらっています。

幾たびか
草の庵を　うちいでて
あまつみ空を　眺めつるかも　師

実は私も、貞心さんはどうしているだろうかと、空を眺めて案じておりました。

まだそんなに具合は、悪くなかったようで、秋には、元気になられ、私の庵に来て下さいよと言い残して貞心は帰りました。

秋は必ず貞心尼の庵を訪ふべしと、契り給ひしが、心地例ならねばしばしためらひてなど、御消息賜はりて

先日は眼病の療治がてらに与板へ参候。そのうへ足たゆく腹いたみ、御草庵もとむらはずなり候。寺泊の方へ行かんとおもひ、地蔵堂・中

村氏に宿り、今にふせり、まだ寺泊へもゆかず候。ちぎりにたがひ候事、大目に御らふじたまはるべく候。

秋萩の
花の盛りもすぎにけり
ちぎりしこともまだとげなくに

御状は地蔵堂中村方にて被見致候

良寛

八月十八日

亡くなる四か月前のことでした。

中村家は親戚であり、良寛が大森子陽塾に通った時も、ここに下宿させてもらった家です。

良寛も貞心の庵を訪れる約束をしながら、それが体の具合がおもわしくなくて本当に残念がっています。

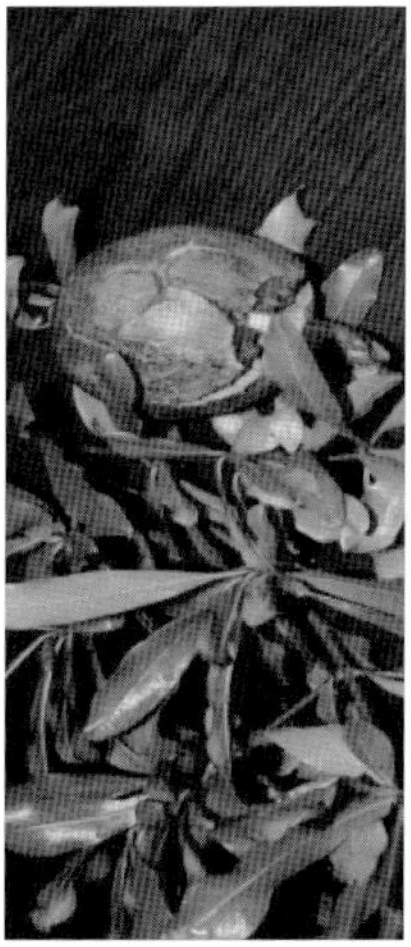

大好きなザクロ

紅の
七つの宝を　もろ手持て
押しいただきぬ　人のたまもの

由之から霜月中旬に、新津の桂時子からおすそわけに、と頂いたものを七宝にたとえています。

かきて食べ
摘み裂いて食べ　割りて食べ
さてその後は　口も放たず

ザクロを食べている様子が目に見えるようです。特に最後は口でむさぼったとあります。

死期を知る

下痢気味の症状が時々激しくなってくると、良寛も死期を考えるようになったのであろうか。「ああ俺も長くは無いなー」と思ってか、創作意欲は盛り盛りわいてきたようです。残せる間に残さなければと考えたのでしょうね。

白髪は
おふやけものぞ　畏しや
人の頭も　避くと言は無くに

白髪《しらかみ》は
黄泉《よみ》の命の　使ひかも
おほにな《おろそか》思ひそ　その白髪を

世に満つる
宝と言へど　白髪に
あに及ばめや　千ぢに一つも

忘れては
驚かりけり　もみぢ葉の
先を争ふ　世と知りにつつ

もみじ葉が先を争って散っていくような、そんなはかない人生だったんだなー。

むぐら生ひ
茂りて道も　分かぬよに
降るは涙の　雨が下かな

山田杜皐への弔歌、

亡き魂の
帰りやすると　槙の戸も

鎖さで眺むる　暁の空

なき魂が帰って気安いように鍵もかけず朝まで空を眺めていたことよ。

明日からは
冠もかけず　嬉しくも
美保の浦はに　鱸《すずき》釣りてむ

与板の山田杜皐が、町役人の職を辞すに当たって詠んだもの。冠をかけずとは役人でない身分になる事で、鱸でも釣って気ままに暮らそう。

この宿へ
我が来て見れば　夏木立
茂り渡りぬ　雨の晴れ間に

この宿＝山田杜皐の家。緑が増してきたなー。

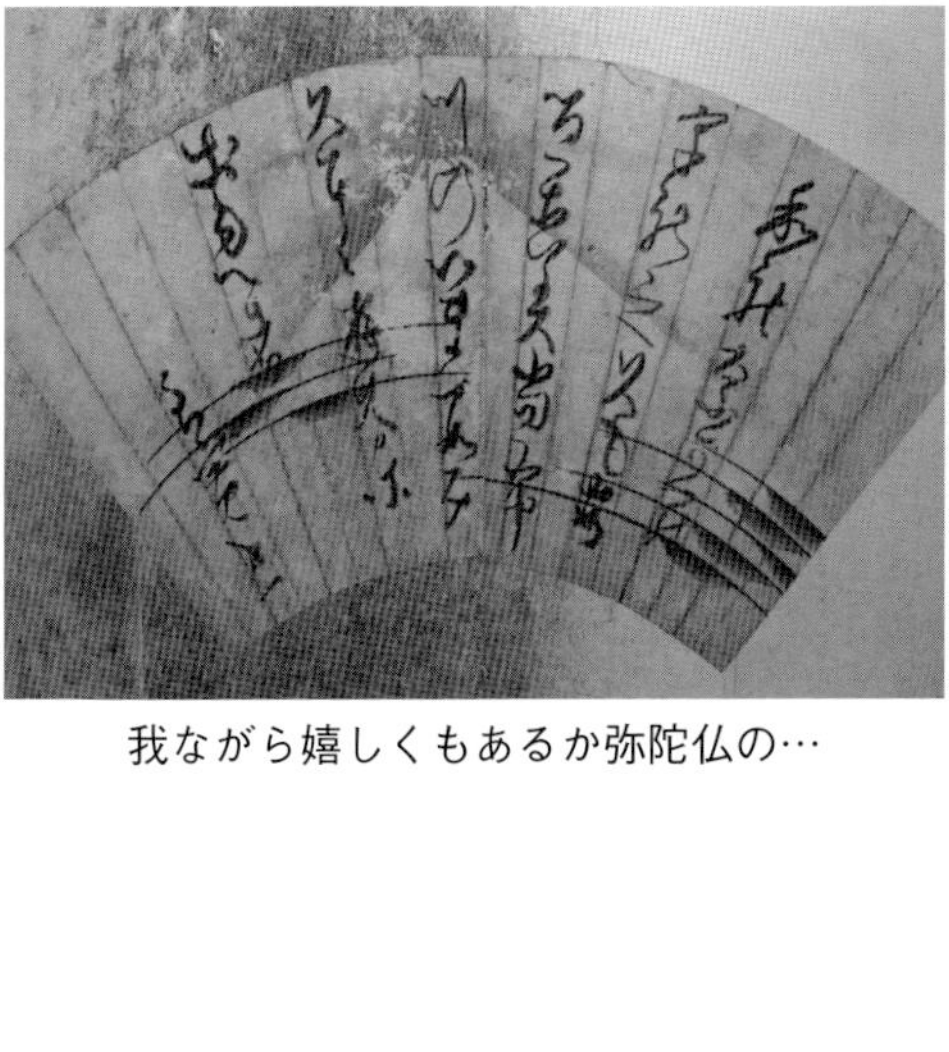

我ながら嬉しくもあるか弥陀仏の…

奥手刈る
山田の小父は　いかならん
一日も雨の　降らぬ日はなし

今年はなんという年でしょう。一日も雨が降らん日がないわ。

病　状

この身体の具合からするともしや…。

我ありと
頼む人こそ　はかなけれ
夢の浮世に　まぼろしの身を

人が死んでも俺は死なんぞという人ほど、頼りにならんものはない。

むらぎもの
心悲しも　あらたまの
今年の今日も　暮れぬと思へば

むらぎも＝心の枕詞。今年の今日も暮れて行くなーと思うと。

墨染の
我が衣手は　濡るるとも
杉の蔭道　踏み分けて見む

越路なる　三島の沼に
住む鳥も　羽がひ交して
寝るちうものを

良寛は、私達なら恥ずかしくて文字に書けないようなところも歌にしています。ちょっとがまんしてください。

貞心尼は、その後の便りに、こんな手紙を送っています。

そののちは、とかく御ここちさわやぎたまわず、冬になりては、ただ御庵にのみこもらせ給へて、人に対面も難しとて、うちより戸さしかためて、ものし給へる由、人の語りければ、消息奉るとて。

そのままに
なほたへしのべ　今更に
しばしの夢を　いとふなよ君　貞心

と、申しつかはしければ、言葉は無く、とありますが。実は…。

由之の日記「山つと」「八重菊」などから拾って見ると、

ぬばたまの
夜はすがらに　くそまり明かし
あからひく　昼は厠に　走りあへなくに

一寸ものを口にすれば、夜中と言わず、昼と言わず、大変な苦しみですよね。

この夜らの
いつか明けなむ　この夜らの
明けはなれなば　おみな来て
ばりを洗はむ　こひまろび
明かしかねけり
ながきこの夜を

言に出て
言へばやすけり　下り腹
まことその身は　いやたへがたし

ここまでは皆さん適当に訳してください。どんなにか苦しい思いをしたかを想像しながら。

もののあわれ

小康状態が何日も続いたのでしょう。時々その現とも分からぬ中に、ひと恋しさが顔を出します。

幾群れか
鷺のとまれる　宮の森
有明の月　雲隠れつつ

宮の森の月が、雲に隠れたり現れたりしていますね。

風まじり　雪は降りきぬ
雪まじり　雨は降りきぬ
この夕べ　起きゐて聞けば
雁がねも
あまつみ空を　なづみつつ行く

雁が難儀をしながら飛んで行く。

我が命
さきくてあらば　春の日は
若菜摘む摘む　行きて逢見む

我が命、さきくてあらば＝元気でいれば、山菜を採りながら行って遇いたいものだのう。と、小康状態が続いていた頃を思い出して詠んでいます。

貞心尼と、初めて逢った日の歌等を思い出したりしていたのでしょう。

夢の世に
かつまどろみて　夢をまた
語るも夢も　それがまにまに

夢のようにはかない世の中です。うっとり夢を見たり、その夢を語ったりは、成り行き任せにしましょう。夢のような世を優しく語り明かそうではありませんか。

草ぐさの
あや織り出だす　五十のをと
声と響きを　縦ぬきにして

ああ之は「アイウエオ」のときの事でしたね。

みあへする
ものこそなけれ　小がめなる
蓮の花を　見つつ偲ばせ

この時は残念だったなー。俺が密蔵院へ行って留守のことだったっけ。

身が焼けて
ひるは蛍と　ほてれども
昼はなんとも　無いとこそすれ

寒くなりぬ
今は蛍も　光なし
黄金の水を　誰か給はむ

よーく与板に行ってはお酒を無心したっけ。およしさはどうしたっけ。私の歌をよく理解したものだ。当然「およしさ」を思い出していたことでしょう。

書の魅力

今は亡き木村家当主、元周様が、「書」の前に三十分座りなさい。常に新しい発見があるぞ、って、よく言ってらっしゃいました。

一枚の書簡にしても、歌にしても、硬ばっているとか、緊張しているとかがないのです。

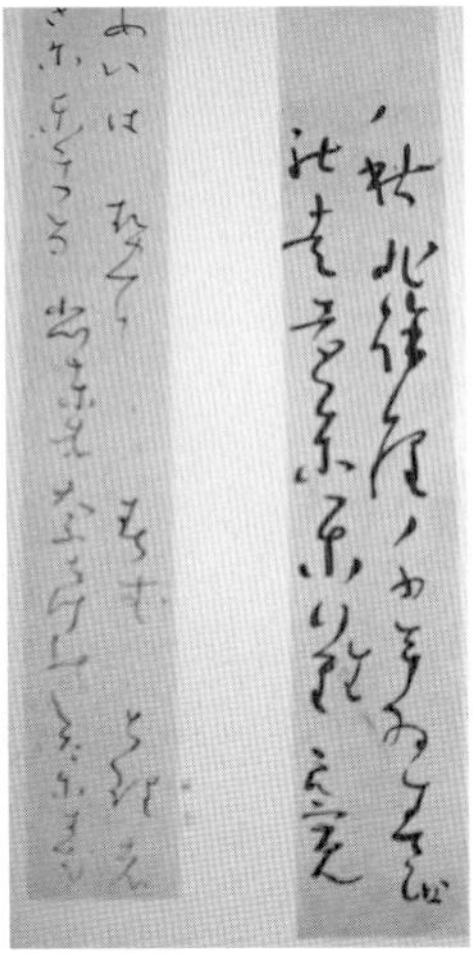

はじめの文字も、終わりのほうの文字も、書き出しから終わりまで、同じ気持ち・調子で書かれています。心がいつも平常でなければなりません。

次は、同じ速さで書いているということです。間違った部分があっても、ああ間違った。今度から気をつけて書こう。そんなことはない。いつでも平常心。

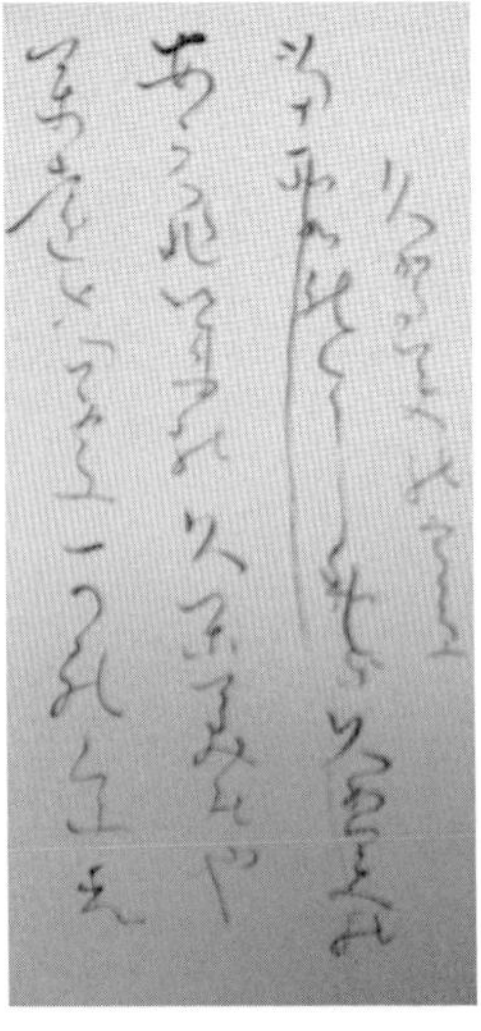

久賀美のうたの冒頭

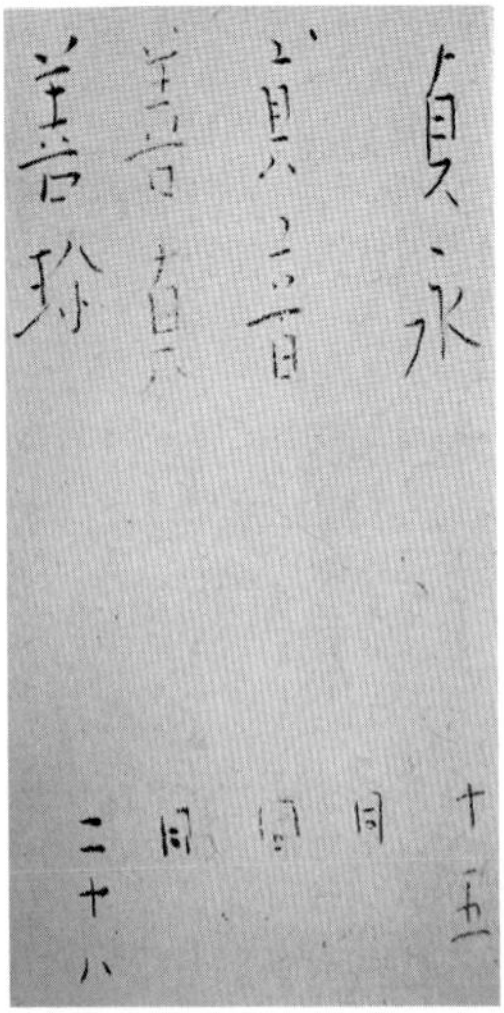

過去帖の部分

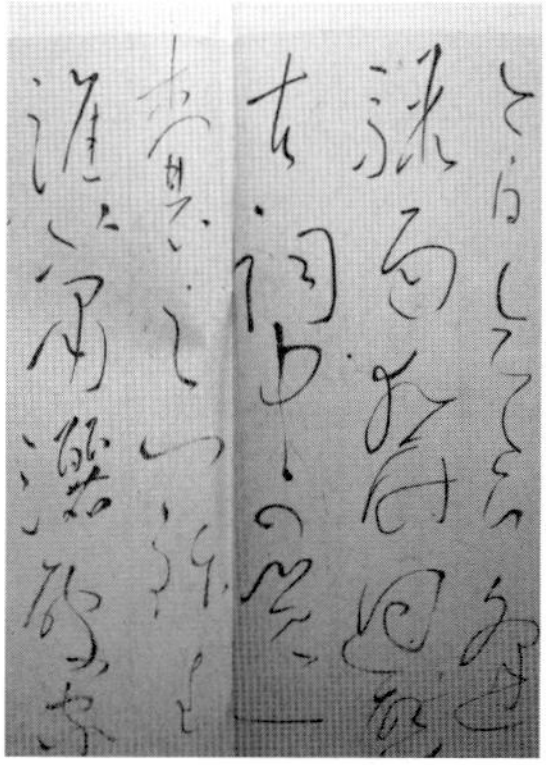

今日食を乞う。　漢字はかなのように書く

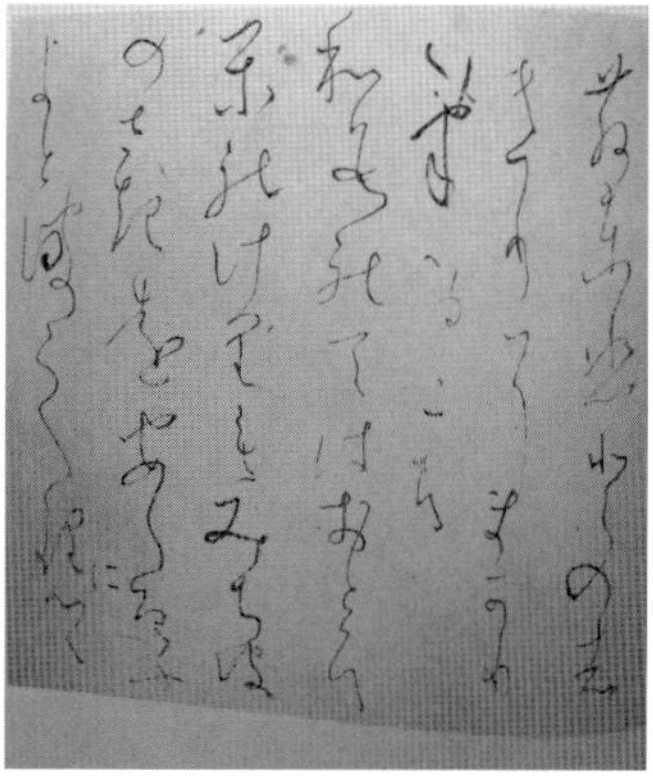

里人も暇乞い。　文字のゆれを楽しもう

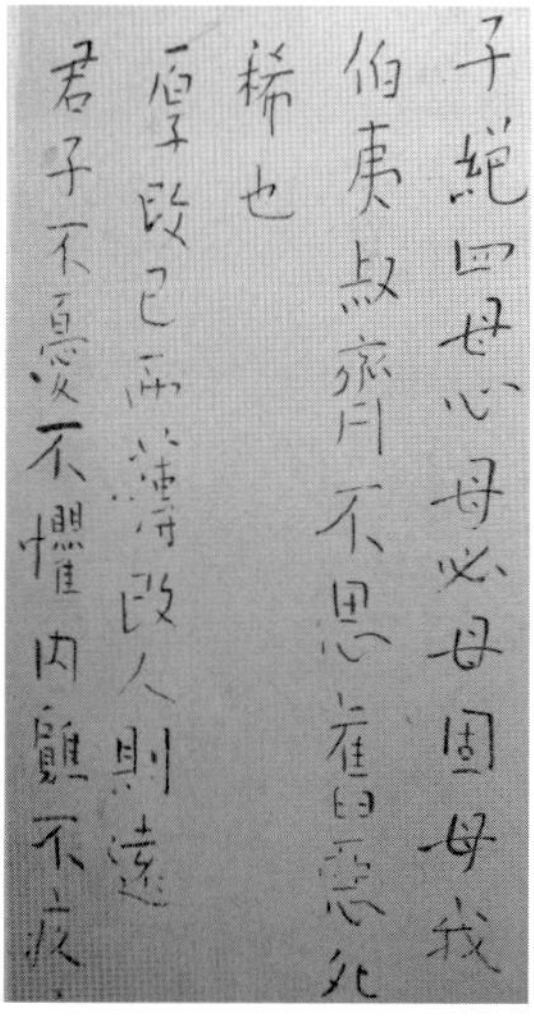

母＝聖賢の道（論語、子空第九）

練習もしないでいきなり、紙の大きさ・空白・筆法を一瞬のうちに決めて書いているのです。文字の大小・ゆれが行間の空白とゆれ、それでいて、何ともいえぬ味わいが生まれているのです。

ですから、空海と並び証される。書の二大双璧と言われるゆえんでしょう。

事態急変　貞心の介護

ところが、師走の末つ方、俄かに重らせた給うよし、人のもとより知らせたりければ、うち驚きて急ぎもうでて見奉るに、さのみなやましき御けしきにもあらざり、床の上に座し給へるが、おのが（貞心）参りしをうれしとや思ほしけむ（思われた）と床の中に起き上がって、迎かへてくれたのです。

貞心

いついつと
待ちにし人は　来たりけり
今はあひ見て　何か思はむ　良寛

あまりにもうれしかったんでしょうね。起き上がったと言うのです。

むさしのの
草葉の露の　ながらひて
ながらひはつる　身にしあらねば

良寛

草の葉に降りた露のようにはかない身、いつまでも生きられる身ではない。

貞心も来てくれたことだし、うれしいことだなー。

さすたけの
君を思ふと　あまのくむ
塩ねり坂の　雪踏みてきつ

あなた様のことを思うといてもたってもいられません。塩ねり坂の雪も踏み分け、かき分けやってきました。

十二月二十五日、逢いたいと思っていた人がついに、やって来ました。

いつ来るか、いつ来るかと待っていた人がやって来た。ああも言おう、こうも言おうと思っていたが、いまは相見て、なにも言う事はない、と言ってます。一番逢いたいと思っている人が来たんですもの、ほっとするわね。

わが命
さきくてあらば　春の日は
若菜摘むつむ　行きて逢ひみむ　良寛

こういって慰めるんですが…

生き死にの　境放れて　住む身にも
避らぬ別れの　あるぞ悲しき　貞心

どんなことにも別れがある。良寛のように、現世は客舎（宿屋）のようだと言っていて、あの世もこの世もない世界に住んでいるという良寛でさえも、死、これればかりは避けようがありません。

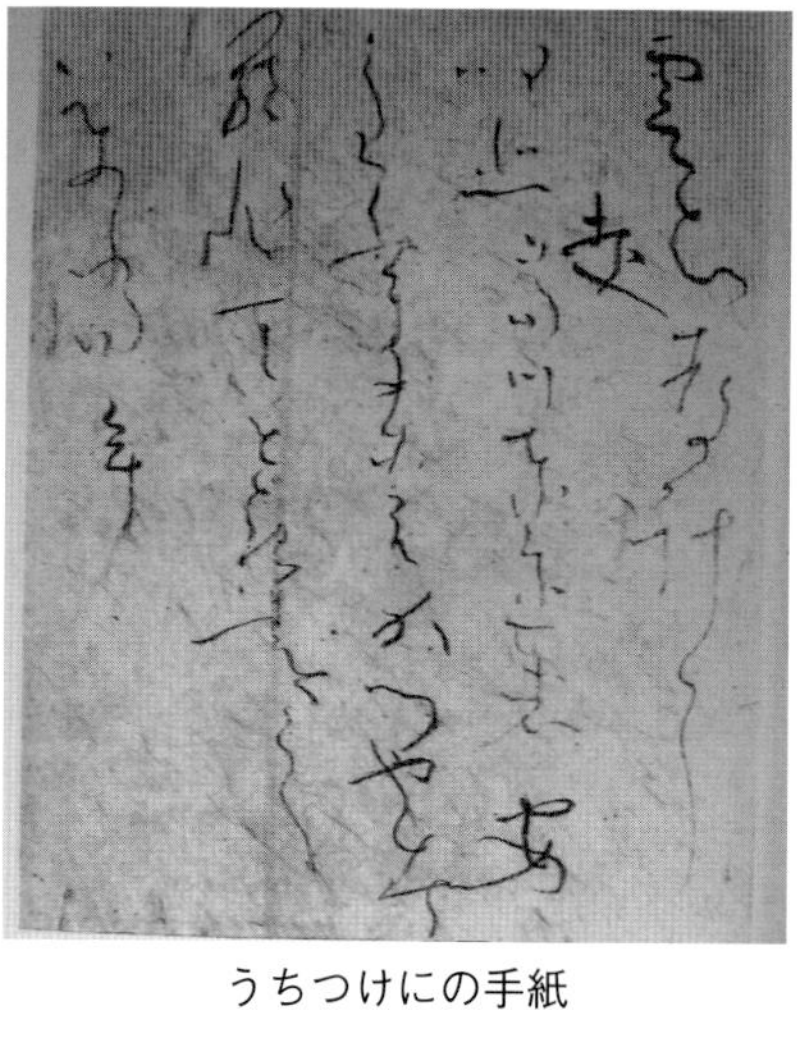

うちつけにの手紙

うちつけに
飯絶つとには　あらねども
かつ休らひて　時をし待たむ

食べれば下す。そこで何も食べないで、身体を休めたいというのですが、文字が乱れ気力で書いています。かつ休らいて…頑張って見ようか。この頑張り。

別　れ

うちつけに＝突然に、ご飯食べないというわけではないんだが、もう少し生きてみようかと思うのだが…。最後の力をふりしぼっています。

それで、もうちょっと食べないで下痢を治そう、身体を休めよう。少しでも長く貞心さん、私はあなたと逢っていたいんですよ…。

良寛の胸のうちがひしひしと伝わってきます。書いた文字も乱れていますし、力強さもなくなってきていますね。最後の最後に書いたものです。

病いと重うなり給ひて薬も飯も断ち給ひけると聞きて
かひなしと　薬も飲まず　飯絶ちて
自ら雪の　消ゆるをや待つ　　貞心

薬を飲んでも、食事をしても、もう甲斐がありません。雪の消えるのを待つとは病気の治るのを待つというのでしょうか、大変なことになりましたね。

暮れの二十五日は弟由之も駆けつけました。この頃になると村人も駆けつけました。

さすたけの
君を思ふと　海人の汲む
塩ねり坂の　雪踏みて来つ　　由之

心無き
物にもあるか　白雪は
君が来る日に　降るべきものか

由之老、よくまー来てくださった。それにしてもあなたが来る日に限って、雪が降るなんて、白雪は思いやりがないものだなーとしおのり峠を雪をこぎ分け、来ると言えば大変だったろう。ありがとう、ありがとう。

雪を掻き分けて来てくれた弟を、いたわっています。

かかれば　ひる夜御傍にありて　御ありさま見奉りぬるに　ただ日に添えて　弱りに弱りゆき給ひぬればいかにせん…。

二泊もすると、由之は葬式の準備もあり一旦我が家へと帰るのです。

これまでに良寛の遺喝と思われるものを書き散らしてあったようです。

我ながら
嬉しくもあるか　御仏の
います御国に　行くと思へば

死が嬉しかったかどうか不明ですが。

黄泉の国ってどんなに良いところか知れませんが、誰もいまだ帰ってきた者はおりません。

日は西に

淡雪の
中に建ちたる　三千大千世界《みちおほち》
又その中に　泡雪ぞ降る

三千大千世界と言うのですから宇宙のことですね。

その中の淡雪。また、さらにその中に全宇宙。

この壮大な句を味わって見てください。科学の進んだ今日、やっと三千世界が分かってきたのに、はるか昔に分かっていたのでしょうか。

甲斐なし… でも…

人間と言うものは、人々の幸せに貢献するために生まれてくるものだというが、

墨染めの　わがころもでの
ひろくあり（せ）ば　世の中の
まどしき民を　覆はましもの

わたしは今まで何のために生きてきた、何人救えたと言うのだ。自責の念でいっぱいでした。

今よりは
何（を）頼まむ　かたもなし
教えてたまへ　後の世の事　良寛

この歌に対して、この歌をそっくり自分に置き換えて、良寛さんあなた様のいない世の中なんて…と、貞心尼もきっと思ったに違いありません。

部屋中、歌と言わず書や詩が書かれてそれが散乱しています。それを貞心は集めて重ねました。

「そうだ、歌集にしたらどうだろう」どの歌をとっても素晴しいものばかりではないか。世の歌詠みの範たるものばかりだ。そうだ。いまから書き残そう。良寛様の生きておられる間に…。幸い夜はわたしひとり、時間はたっぷりある。

貞心尼は、早速部屋にあった歌と俳句等を書き写していくのです。

良寛に
辞世あるかと　人問はば
南無阿弥陀仏と　言ふと答へよ

十日ほど前に、年号が文政十三年から天保元年に変わったのですが、貞心尼はそれどころではなかった。治ってほしい。一心に祈った。日に日に弱って行く師のお姿を見るにつけ、「汚物」洗うにつけても、もうじき…、と思うと涙をとめることはできませんでした。祈る以外にすべは無かったのです。

聖観音

由之の「八重菊」日記によれば、天保二年の正月四日に由之が再度見舞いに駆けつけたときには大変弱りなさったが、われをご覧になって由之だと分かっていました。

みくにの名の文政、こぞ（去年の十二月）天保と改まりてその二とせの春は来つれど禅師の君の御いたわり、いかにいかにと思ひやりまえらすとて、冬とも春とも思ひ分からねばまして歌などはでてこず…。

日に日に衰え行く様子が見えてくるようになった。真冬のシンシン雪の降る日、

「手、足が冷たい？」

囲炉裏には薪も燃えているが、何しろ隙間風、しかも最も寒い時期の十二月。

観自在菩薩。行深般若…

思わず。墨染めの衣を脱ぎ捨てるとお師匠さまー。すべるように床の中にもぐりこんで、氷のようにつめたい身体を背中から抱きかかえ、覆うようにした。

照見五蘊皆空度一切…。

遷化（遷化とは高僧の死を言う）

ひん死のなかで、
「お師匠さまー。お言葉を…」

来るに似て
かへるに似たり　沖つ波　　貞心

人の命は沖つ波の様に、来るもあれば帰るもあります。あなた様のお言葉はいつまでもいつまでも生き続けますすよ。
か細いがすかさず、

あきらかりけり　君が言の葉　良寛

と、言葉をくだされ、連句にされたのです。

来るに似て
かへるに似たり　沖つ波　　貞心
あきらかりけり　君が言の葉　良寛

死を目の当たりにして、少しでも多くを聞きたくて良寛様に呼びかけています。疲れたのでしょうか、途切れ途切れですが。
とりあえず…と言って。だから次の句は良寛のものでないという人もいます。

裏を見せ
表を見せて　散るもみぢ　　絶句

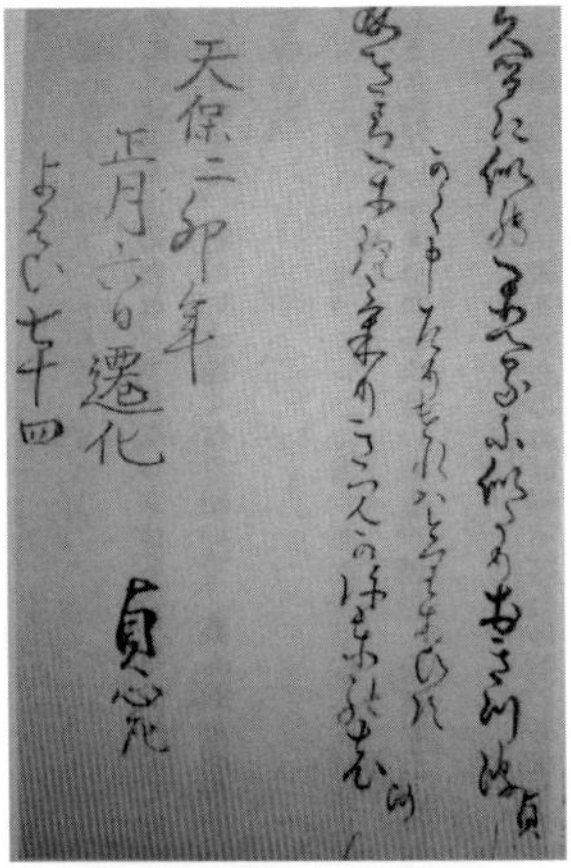

最後の連句（蓮の露）

書かれている訳、

来るに似て　かへるに似たり　沖つ波　貞
かく申したりければ　とりあへず
あきらかりけり　君が言の葉　師

天保二卯年
正月六日遷化　　　貞心尼
よわひ七十四

由之の「八重菊」では、遷化のことがこう書かれています。

年が明けて、四日の日また塩ねり坂の雪をかけ分けつつまう出て見奉れば、今は頼むかたなくいといとう弱りたまひながら、見つけてうれしとぞおぼへしこそ悲しかりしか。
かくて六日の日の中の刻（午後四時）につひに消へ果て給へる。

師。病中さのみな　御悩みもなく眠るがごとく坐化し給う……。

天保二年正月六日。貞心も由之も共に日にちを同じく、亡くなった日を記しています。

貞心尼に抱かれて逝ってしまわれたのです。大往生です。齢七十四歳。

春の夕暮れ入相の鐘が静かに流れていたそうです。

朝《あした》には紅顔ありて
夕べには白骨となれる

人間の人生なんていかに短いことか良寛だってまだまだ生きたかったでしょう。生きて貧しい人々を救いたかったでしょう。愛語を使って喧嘩の無い平和な世を、心から願いつつみていたかったことでしょう。残された私達がいま求めているものがいかに多いか…。「良寛さまー」。

野辺送り　お墓

一月八日、良寛の葬儀が行われた。

与板の徳昌寺の大機和尚について禅宗のお経。その後、村の隆泉寺の真宗の読経と続いた。

故人に最後のお別れをお願いします。棺桶は座棺であった。ふたが静かに開けられた。

「生きておいでだ」

誰かかそう叫んだ。座禅の形で手には数珠。背筋をすっと伸ばし、座禅を組んでいなさる。

「まさに瞑想をしていなさる」

「座禅をしたまま逝きなさる」

「あー良寛さまー」口々に叫んだ。

「南無阿弥陀仏」「南無法華経」

やがてお棺のふたが閉じられると墓地までの野辺送り…。

法　要

木村家から焼場まで約五百メートル。その間、立錐の余地のないほど行列が続いたといわれています。

三周忌に向かって墓を作ろうということで弟由之は懸命でした。天保四年三月四日。山田太郎兵衛（与板・杜皐）、富島武左衛門（地蔵堂の大庄屋）、斉藤伊右衛門（中島の庄屋）原田正貞（の子）らによって墓は建てられました。

墓碑の中央には「良寛禅師墓」と大書されています。之は山本泰世（馬之助の長男の手による揮毫である）由之の長男が山本泰樹。山本泰樹の長男が山本泰世。


良寛禅師墓の文字の右側には、僧伽の詩が書かれている。

若い頃の作品で之を読むと僧侶でない私どもまで、背筋が伸び、一喝されたような気になります。

左方には旋頭歌。

やまたづの　むかひのおかに
さおしかたてり　かみなづき
しぐれのあめに　ぬれつつたてり

そして、「天保二年正月六日諱辰　従孫橘泰世拝書」と書かれています。

墓は隆泉寺裏の木村家の墓地に建てられました。

左から由之　良寛　木村家のお墓

『蓮の露』成る

良寛を、いち早く「すばらしい」と認めたのは貞心尼である。

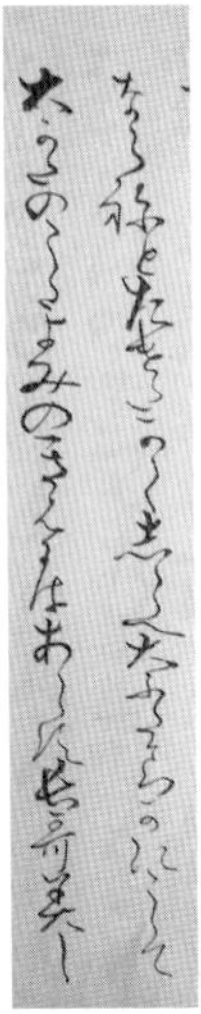

訳

ならねど、たけたかくしらべなだらかにして大かたのうたよみのきはにはあらず、長歌みじか…

格調高く、調子意味は分かりやすく、普通の歌読みではない。

あらずば、何の幸ひか是に過ぎんや。さればかかる歌どもの、ここかしこに落ち散りて、谷のうもれ木うづもれて、世にくちなんことのいいといとおしければ、ここにとひ、かしこにもとめて、やうやうにひろひあつめ、また、おのれが折ふしかの庵りへ参り

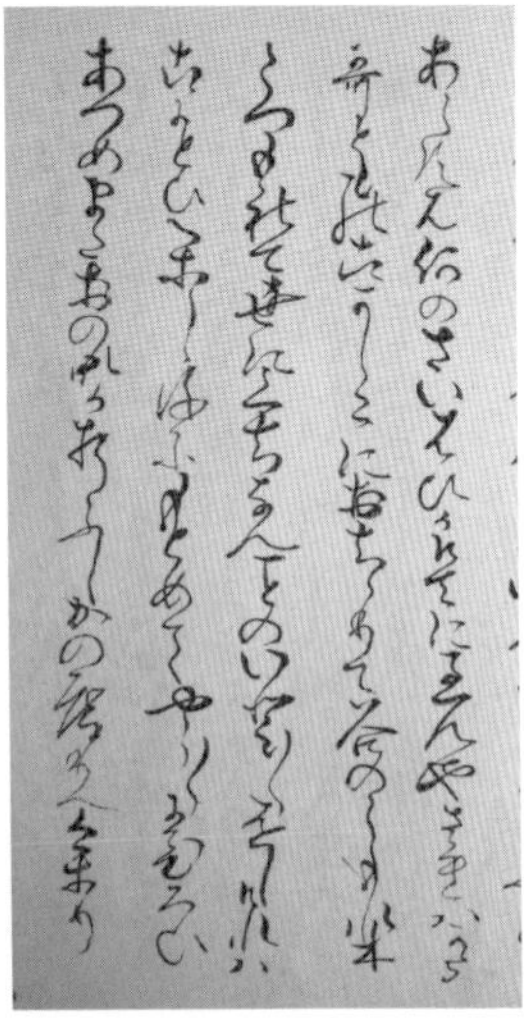

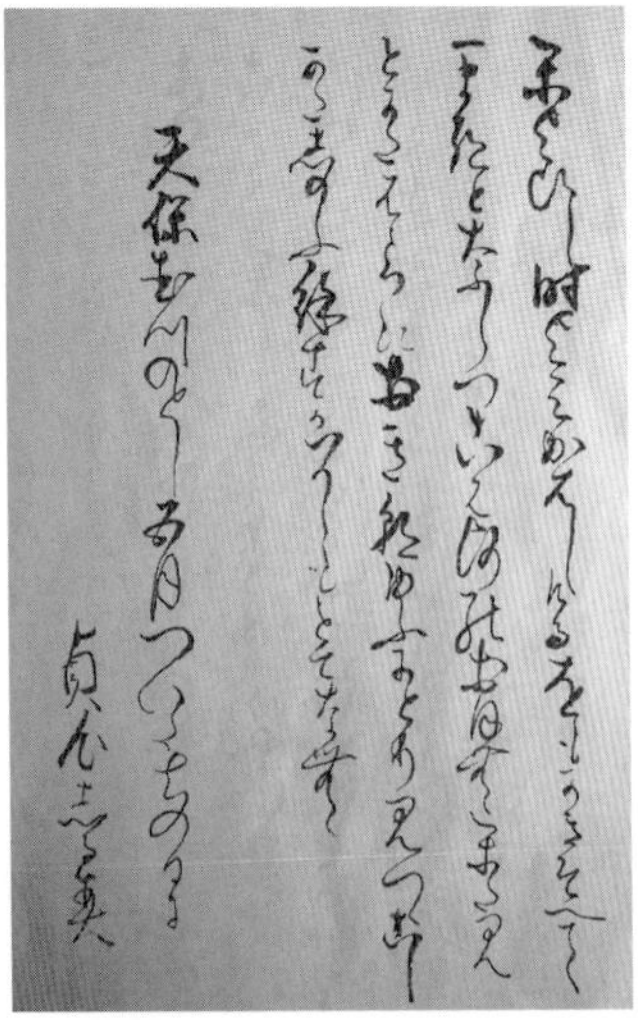

かよひし時、読み交しけるをもかきそへて、一まきとなしつ。こは師のおほむかた見とかたはらにおき、朝ゆふにとり見つつ、こし

かたしのぶよすがにもとてなむ
天保むつの年五月一日の日に
貞心しるす

この後の長歌、短歌、旋頭歌、俳句等一五一句収めてある。

要約すれば、良寛様の歌はまことにすばらしい。格調が高く、調べはまことになだらかであり、世の歌詠みに聞かせてあげて模範としたい。

このままですと、埋もれ木のように埋もれてしまうから、ここかしこと、問い求めて私が庵で読み交わしたるものを一巻きにして、御かたみと思ってそばに置きこれを見ながら、あのころの思い出にしたいと思っています。

『蓮の露』の名付け親が、山田静里という人です。この人は歌仲間としてでなく、貞心尼の庇護者でもあります。

長岡へ法事で来ていた間に、住まいとしていた釈迦堂が、柏崎大火で焼けてしまいました。貞心尼は『蓮の露』の原稿は肌身離さず持っていたので難をまぬがれました。私らは是が残っていたから良寛研究ができるのです。ありがたいですね。

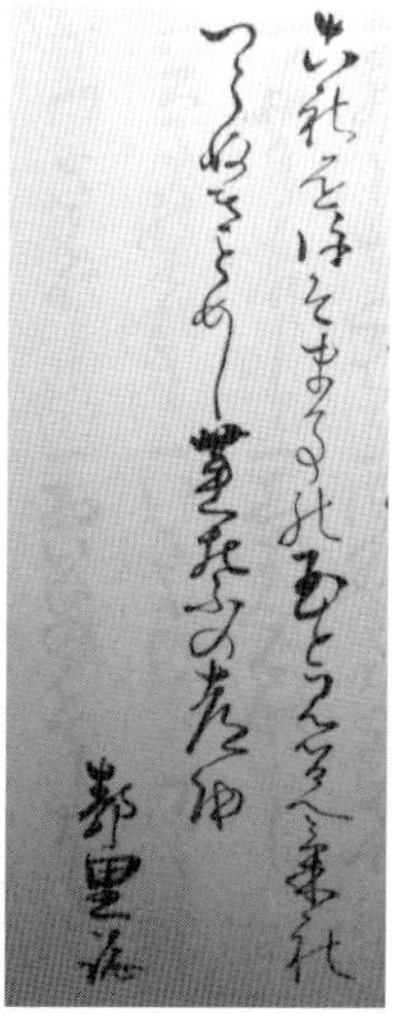

これをこそまことの玉とみるべけれ
つらぬきとめし蓮葉のつゆ
静里誌

蓮の露の中の歌は、島崎時代に読まれたものは、全部載せたつもりです。貞心尼にとって良寛のインパクトは、途方も無く強力ですね。

その後の貞心①

柏崎で尼さんの修行を終え、長岡の福島の閻魔堂に入ったのが、二十九歳の時。それから、良寛を看取ってまた柏崎に帰るのが、良寛の三回忌のお墓が出来てからである。

しかし、この間が、貞心と良寛にとって芸術の完成を見たのである。書への高まり、仏への深まり、歌の高まり、歌を通しての聖愛の高まり、人格の完成を目指したのである。

福島に来た頃の歌に、次がありますが、どこか良寛に似ていると思いませんか。良寛に会いたいと、この頃から思っていたのですね。

朝げ炊くほどは
夜のまにふきよする
落ち葉や風の情けなるらむ

そして逢いました。

「**はじめてあひみたてまつりて**」にふたりのつきあいがはじまるのです。

良寛の亡くなった日、貞心尼はもっともっとお言葉を、と泣いてすがったのでしょう。かすかにお声が…とりあえずと、言って次の歌をか細く聞こえ、言い終えると、

うらをみせ
おもてをみせて
ちるもみぢ　良寛

とりあえずと言って、息を引き取ってしまわ

れたのですから、もっともっと言いたかったのでしょうね。

貞心は良寛が亡くなったその晩、

別れては立ちも帰らぬさす竹の
君が形見の我が身悲しも

さす竹の君＝良寛のこと

貞心尼は、自分が良寛の忘れ形見だと思っているのです。その自分が心の支えをなくして、これからどうして生きていったらよいのか分かりません。良寛さまー。

あはれみて受けさせ給へ後慕ふ
心ばかりの今日の手向けを

今日の「あなたを慕う私を見て」ください。懸命にしっかりしようと、こらえているのですが、どんな気持ちで線香を手向けてよいか、頭の中が真っ白で分からないのです。

と、その時、

手折りこし花の色香は薄くとも
あはれみたまへ心ばかりは（良寛）

という歌が聞こえたような気がしたのです。手折ってきた花がどんな花であっても気持ちだけで十分。しっかりして下さいよ。

良寛の墓建立（三回忌）

立ち添ひて今しも更に恋しきは
しるしの石に残るおもかげ

しるしの石の面影。更に恋しき言葉を見る限り強烈に私の胸を叩きます。

その後の貞心②

『蓮の露』の名付け親は、庇護者である山田静里である。

柏崎の大火の時、長岡に法事のために来ていたのですが、貞心尼は『蓮の露』を肌身離さず持っていたので、住まいの釈迦堂は全焼しましたが、原稿は助かりました。だから、こうやって良寛研究ができるんです。肌身離さずとは、たいしたものですね。最後の方に俳句がのっています。鑑賞してみましょう。

口ずさみ給ふほっくの覚えたるを
おちつけば
ここもろ山の　夜の雨

風鈴や竹を去ること二三尺

人は皆ねぶたき時のぎゃうぎゃうし

青みたる中にこぶしの花ざかり

雨の降る日はあはれなり良寛坊

我恋はふくべでどぢゃうおすごとし

新池やかはずとびこむ音もなし

来ては打ちゆきては叩くよもすがら

良寛没後十年

たがために
袖ぬらしつつあわゆきの
ふる野にいでて若菜摘むらむ

あづさ弓春になれども野辺に出て
若菜も摘まず年をしつめば

貞心尼の辞世の歌

くるににて
かへるににたり　おきつなみ
立ちいは風のふくにまかせて

貞心尼像

と詠んで、孝順尼と智譲尼に渡し、約二十年にわたって住んだ不求庵とも別れ、明治五年二月十一日帰らぬ人になったのです。享年七十五歳でした。お墓は洞雲寺にあります。

中央に孝室貞心比丘尼墳。右側には、「くるににてかへるににたり」の辞世の歌。左側には、孝順尼と智譲尼の名前が書いてあります

くるににて
かへるににたり沖つなみ　**貞心**
あきらかりけり
きみがことのは　**良寛**

良寛との別れの時の歌が静かに聞こえて来ます。

貞心尼墓

諭　す

ところで皆さん、もう一度木村家の良寛様の書かれた「愛語」を思い出して見てください。

愛語の中に「愛語ヨク回天ノ力アルコトヲ学スベキナリ」という言葉がありますが、もう一つこんな事がありました。

今度は、ガイドのシュミットさんとのドイツでの出会いでした。

私は耳に障害を持っています。話を聞く時は口元を見て聞くのです。そうしないと聞き洩らす心配があるのです。

その時は、直ぐに部屋を出れば良かったのに余裕があると勘違いして皆を待たせた事です。

「悪いなーみんなが待っているんだ」

急いでドアーを出ました。

ドアーを閉めて振り向くと誰かにぶつかりました。

「あっ」

シュミットさんが待っていらっしゃったのです。

「悪い悪い。御免御免」

その時です。

「なにやっているの、皆が待ってるよ」って言われると思ったんですが、そうではありません。彼女は黙って手をそっと背にまわしてくださったのです。そして、

「…」

黙ったままです。

首筋にすっと冷たいものが流れ落ちたような気がしました。

いたたまれないとはこの事です。

「申し訳ありません」

「ああ、なんて俺って馬鹿なんだ」

「皆に迷惑を掛けてー」

「時間を忘れるなんて」

と心の中で思いました。

ところが「…」

黙ったまま抱きしめられたのです。

その間、何秒でもなかったでしょうが、とてもとても長く感じました。

彼女の言いたい事がひしひしと伝わってきます。

「大失敗だ」

「御免なさい」

「もう二度とやりません」

しばらくすると呪縛は解けました。

そして何事もなかったかのように前を歩いて行かれたのです。

「叱る・注意する・諭す」と分からせる段階があると思いますが、諭すのが一番です。

でも、それを瞬間的に考えられたのでしょうか。黙って抱きしめてくれたではありませんか。

こんな、そばに良寛様がいらっしゃる。そればかりではありません。ドイツという国がとても身近に感じられたのです。

良寛さんの逸話に、甥の馬之助が「遊び人」だったから、まじめ人間になって貰おうと、「戒めてください」と良寛が頼まれた時と同じ事が起こったのです。

ところが良寛さんは、どういえばいいか言葉が出てこない。その内に帰る時になって、「馬之助、草鞋の紐を結んでくれ」

馬之助が紐を結んでいると首筋に冷たいものが流れ落ちた。見上げると良寛さまが泣いていなさったそうです。

この様子を今のシュミットさんに見せて頂きました。良寛さまのような人がドイツにもいなさるんだ、と思うと同時に、そのお友達の中にも良寛さんが沢山おられるでしょうね。

日独交流の対談

昨年九月、ドイツで日独芸術交流祭がありましたが、この四月十八日、横浜でそのお返しがあります。

その時、私と向こうの代表と対談がありました。その時の話し合いのテーマが「良寛」です。その骨子を書きましたので読んでください。

出会いは言葉を以って始まる、

といわれるように、物事の解決はすべて言葉で解決するはずです。

人は誰でも優しい言葉で話しかけられれば良い気持ちになります。

この優しい言葉を一生使って生きた人がいました。それが二百五十年前に生きていた有名な良寛さまです。良寛さまの偉さは沢山ありますが私は、真っ先に言葉を大事にした人としてあげたい。

言葉のほかにも、「書」は日本一。歌も日本一ですが…。

良寛さまが「解良様の家」に泊られた時の事です。良寛さまの話しぶりを、みんなが真似して話したところ、上の人も、下の人も、すっかり仲良くなり、帰られても二〜三日は争いごとが起きなかったそうです。

良い話ではありませんか。良寛さまの住んでおられた木村家のおばーちゃまが、それは良いことだ、早速まねしようと一番目に付く台所の入口に、その「愛語」を貼っておかれました(一九四〇年頃)。

愛語

最初から全部守ろうと考えなくてよい。

例えば　挨拶は元気でやろう。

とか、

良い所は褒めてやろう。

とか、

誰とでも仲良しになろう。
とか、
慈愛の言葉を以って愛語を増やそう。
とか、
回天の力を見て見たい。
とか、
最初から頑張らなくて良いから十年なり十五年は続けてほしい。
少しくらいは忘れる事があっても良いから、とにかく続けてほしい。

良寛さんは、その言葉には、まず慈愛の言葉や顧愛の言葉がないといけません。といってこの慈愛の入った言葉を愛語といい、良寛は一生大事に死ぬまで使っていたそうです。

そして必ず良いところがあったら褒めてあげなさい、といっています。

そして愛語をどんどん使って愛語をふやしてあげなさい。すると、今まで見えなかった愛語がだんだん見えてきますから、決して怠けないで命の続く限り続けるのです。

そうしますと、怨敵とも仲よくなれるものですし、君子同士の和睦も成立するものです。

だから、慈愛の心をたえず持って話をしなさい、といいます。

クロアチアで、こんな事がありました。七歳になる坊やと、乳母車を押したお母さんに出逢いました。いくら話しかけても、その坊やは応答しません。坊や幾つ？「七つ」。お名前は？「ダニー」、「そう良いお名前ね」。その時ダニーボーイの歌が浮かんだので、「あんたの歌、歌って上げようね」

おーダニーボーイ…。

すると胸に組んでいた手を動かすではありませんか。

手をとって「王子様、踊りましょう」

歌いながら乳母車の周りを回り始めました。

坊やはすっかりキーキーワーワー興奮してい

ます。

お母さんはじめは笑っておられました。がその内に大粒の涙が出てきて、もうたまりません。恥も外聞も無く大声をあげて坊やを抱きしめられました。

「ああ、私って何を今までして来たんだ。日本から来たこの魔法使いは五分と経たないのに仲よく踊ってるじゃないの」。反省の念で泣き崩れていたのでしょう。一番ビックリしたのは、僕です。

今から六十五年前に初めて教員になって、おばあちゃまに「愛語」に天地をも引っ繰り返す力があると言われた事が、今クロアチアの歩道の目の前で起こっているんです。頭を殴られたような衝撃と感動にクロアチアにいる間中、震えが来て止まりませんでした。

では、愛語の活用をどうすればよいのでしょう。

まずは優しい挨拶です。ここにいらっしゃる皆さんで、今から優しく話して下さい。良いところがあったらまず褒め合う事です。

家に帰っても「有り難う、愛しているわ」と愛している気持ちを現わして話しましょう。すると段々愛語は増えて来ますし、言葉も変わって来ます。家中が、褒め合い愛語が増えてくれば、もっと良い事をしようとします。そうなれば学校も変わるでしょうね。乱暴な言葉は使わなくなるでしょう。今、日本では小・中・高校生の中で「やばい」という言葉がはやっています。意味もいろんなふうに変わって使われています。中・高・大学生の言葉に愛語が少なくなっているのです。悪い事だと注意しなくなったせいでもありましょう。

学校で愛語が広がれば、地域に広がっていくはずです。

一度悪い言葉がはやってしまうと、直すに時間がかかります。大変です。家庭で直すって大変ですよ。

国語で習った文字は理科や社会でも使って行かねばなりません。ドイツの学校ではこの事を大変大事にしているそうですが、素晴らしい事です。死ぬまで愛語を使うのです。決して怠けてはいけません。

愛心を以って話し合えば怨敵をも降伏させ、君子をも和睦させるのです。

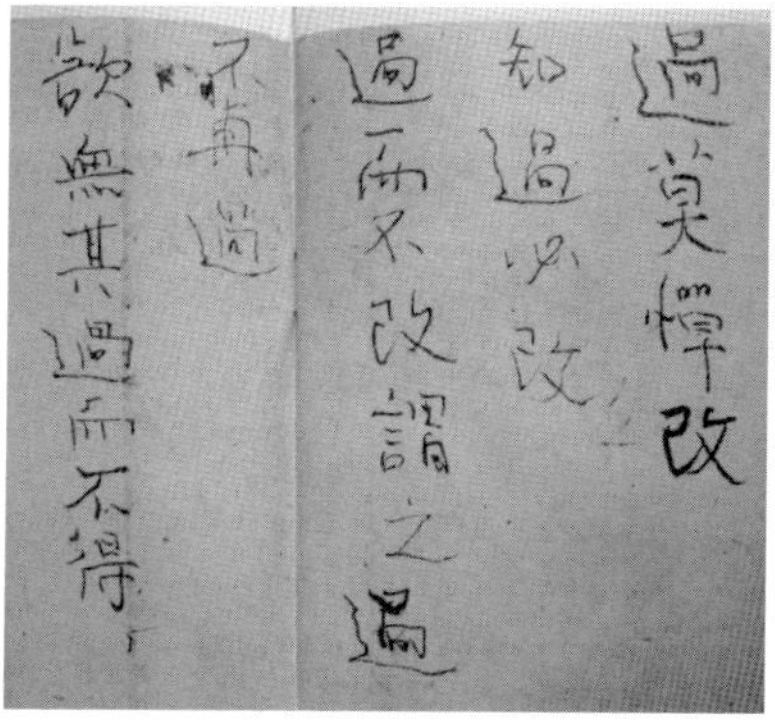

過莫憚改
知過必改
過而不改謂之過
不再過
欲無其過而不得

過《あやま》ちは改《あらた》むるに憚《はばか》ることなかれ
過ちを知らば必ず改む
過って改めざる、之を過と謂う
過を再びせず
其の過　無からむと欲すれども得ず

良寛は「愛語」を使うために、言葉を戒めるため『戒語』を作ってまで愛語を守っています。愛語と戒語は車の両輪ですね。

シュミットさん有り難う。おそらくシュミットさんの周りも良寛さまが大勢いるはずです。愛語がヨーロッパ中に広がって欲しいものですね。

これならドイツの未来は万々歳、愛語で満ちていくと思いました。

生涯身を立つるに懶く
騰々として天真に任す
嚢中三升の米
炉辺一束の薪
誰か問わん迷悟の跡
何ぞ知らん名利の塵
夜雨草庵の裡
双脚等間に伸ばす

無一文の良寛が世の中を見た時に写った世の中であり、裸で生まれてきたのに何の不足をいっているんだ。明日食べるお米と、その米をたく薪。それは「暖」も取れるではないか。こんな幸せは何処にあるか。

どん底の良寛の生活から見たら、みなさんは、こんな豊かな生活ができていますのに、贅沢ですねー。

貞心尼（1798〜1872）

貞心尼は寛政十年、長岡の表町の鉄砲蔵鍛冶師、奥村五兵衛の娘として生まれました。十七歳で南魚の関長温と結婚。後、離別。二十八歳、福島の地に秋住む、以後良寛の弟子となり、最後の死に水までとる。四十四歳までの十六年間、柏崎に移住するまで長岡の福島の閻魔堂に住み、良寛死後『蓮の露』を著し、良寛の名を世に高めた。

明治五年。七十五歳で永眠。

これぞこの仏のみちにあそびつつ
つくやつきせぬ　みのりなるらむ

二人の仲はこの歌から始まったのです。これだけで貞心尼も良寛も一生離れられない仲になり、心の支えとなるのです。

これが愛語の回天の力でなくして何でしょう。恐らく良寛もこの出会いこそ愛語の回天の力だと思ったでしょう。この運命的な出会いを回天の力というのです。

夕されは
もゆるおもひに
たへかねて
みきはの草に
ほたるとぶらむ

貞心尼

After dusk
A firefly circling above the riverside grass
fills my heart with longing

夕方になって来ると
居ても経ってもいられないほど
恋しさが募ってきます
もう我慢できません
良寛様お会いしたい
りょうかんさま
誰もいません
気がつくといつもの船着場
ああもう逝ってしまわれたんだ
良寛様にはお逢いできないんだ
もう一度、良寛様！
みずぎわの草に蛍が一つ
力なく灯がポツンポツン
きえたりついたり
くさむらにみえるだけだった
ありょうかんさま

一、あさゆふおやにつかふまつるべき事
二、ぬひおりすべてをなごのしょさ
　つねにこころがくべき事
三、さいごしらひ　おしるのしたてよう
　すべてくひもののこと　しならふべき事
四、よみかきゆだむすべからざる事
五、はきさうじすべき事
六、ものにさかろふべからざる事
七、上をうやまひ　下をあはれみ
　しやうあるもの　とりけだものにいたる
　まで　なさけをかくべき事
八、げらげらわらひ　やすづらはらし
　てもずり　むだ口　たちぎき
　すきのぞき　よそめ　かたくやむべき事
右のくだり　つねづねこころがけらるべし
おかのどの

良寛恋しの碑

あとがき

良寛が私達に言い残したかった言葉。それは「愛語」だった。死の間際まで貞心尼に抱かれてとりあえずと言って出てきたのが、「裏を見せ表を見せて散るもみじ」でした。次に出て来たのが愛語だったと思われる「南無愛語」だったと思っている。

おばあちゃまのおっしゃるには「愛語」の書き残しが随分残っていたそうです。貞心尼は、自分が「良寛様の形見」だと言うくらいですから「蓮の露」は言い残しは聞けなかったから書かなかったのでしょうが。初対面の歌を思い出して見ましょう。

きみにかく　相見ることの　嬉しさも
未だ覚めやらぬ　夢かとぞ思ふ

これは言葉でのやり取りでなく懐紙に書き、それをそっと良寛の前に差し出したのであろう。

良寛のおかえしも歌であったという。

夢の世に　かつまどろみて　夢をまた
かたるも夢も　それがまにまに

詠んで見て下さい。これを言葉で伝えるにはどれだけ大変か、懐紙でのやり取りが自然だけではありません。歌ほど言葉の足りない部分を伝えるものはない。だから歌で意志の疎通を行おうと考えたのではないでしょうか。

南無とは、梵字で「お助け下さい」という言葉です。良寛が最後につかった南無阿弥陀仏とは、お助け下さい阿弥陀様という意味です。良寛は愛語を信条とした人ですから、愛語にもっと生きたかったであろうし、もっと愛語の回天の力を人々に信じてもらいたかったであろう。テイおばあちゃまに言わせれば、「先生の人参嫌い」も愛語の力だし、コンクールでピアノが弾けるようなったのも、私の家に下宿されたのも、みんな、愛語の回天力のお蔭なんだ、と笑って言われるでしょう。

ヨーロッパでの乳母車のことも、シュミットさんの「諭し」の事も、回天の力のお蔭なんです。

「南無愛語」この言葉に畏敬の念を抱かずにはおれません。良寛は何度も死の淵から這い上がり貞心尼に伝えます。仏道を勉強するのは、それを勉強すると同時に、それを広めるという仕事があるが、それを広める時、大事にしなければならないのが「愛語」なんだよ。

しかしそれは貞心尼にだけでなく、私達人間に残したい言葉だったと信じております。

ほら、ほら、耳をすませて聞いてご覧。

南無　南無…愛語…

静かに流れて来ます。

永い間お読み頂きありがとうございました。

島崎時代	1830	天保元年	73歳	冬に貞心尼、由之駆けつけ見守る。 12月、鈴木牧之に画賛と短冊を書き与える。 12月25日、由之、貞心尼ら見舞い歌の交換。	
	1831	天保２年	74歳	正月６日、貞心尼、由之、遍澄元右衛門等に見とられながら夕方大往生。 同８日、葬儀。	
良寛没後					
	1833	天保４年	２年	３周忌法要。隆泉寺の木村家墓地に「良寛禅師墓」建立なる。	
	1834	天保５年	３年	由之没。（73歳）	
	1835	天保６年	４年	貞心尼の『はちすの露』完成。	
	1867	慶応３年	36年	大政奉還　翌年明治元年。	
	1872	明治５年	41年	貞心尼、２月11日、75歳で逝去。	

あおぎつつ見むひとしのべ優曇華の

花にも勝る言の葉ぞこれ

貞心尼

貞心尼の辞世の句。

来るに似てかへるに似たり沖つ波

立ち居は風の吹くにまかせて

島崎時代	1827	文政10年	70歳	春ころ寺泊の密蔵院に滞在。 ２月、子陽塾で共に学んだ原田鵲斎没（65歳） ３月、貞心尼長岡福島の閻魔堂に移る。 ４月、貞心尼、良寛草庵を訪ねるが逢えない。手まりと歌「これぞこの…」を残して帰る。 夏の終わり、再び草庵を訪ね劇的な出会いをする。 以後良寛が亡くなるまで交流。	小林一茶没（69歳）
	1828	文政11年	71歳	元右衛門のため大蔵経碑文を撰す。 与板藩により、塩入り峠の道大改修。 「しおのりのさかはなのみに…」と詠んでいる。 11月12日、三条大地震、死傷者３千余人。家屋倒壊焼失１万余戸。 良寛、三条を視察。漢詩を残す。	解良孫右衛門没（31歳） 三条大地震
	1829	文政12年	72歳	２月８日、木村様の「おかの」が嫁すために「おかの戒語」を残す。 ５月24日、越後地方大風が吹く。 貞心尼と歌の応答をする。 一時良寛、密蔵院に滞在。 与板藩井伊公、三条地震の無縁供養を与板徳昌寺にて行う。 良寛供養に感激し漢詩残す。	５月台風
	1830	天保元年	73歳	２月、由之と詩歌唱和。 与板で貞心らと歌を詠みあう。 盛夏が続く。 ７月、由之の見舞いを受ける ８月、病の治療で与板から寺泊に行かんとして地蔵堂の中村家で臥床する。 秋ごろから胃腸病で衰弱。 罹病中にも筆墨を多く残している。	

乙子神社時代	1817	文化14年	60歳	遍澄が良寛の弟子となる。	浦賀にアメリカ船入港。
	1818	文政元年	61歳	維馨尼、大蔵経勧進のために江戸へ。 大関文仲『良寛禅師伝』刊。 徳昌寺虎斑、大蔵経をもたらす。	
	1819	文政２年	62歳	長岡藩主・牧野忠精、新住職就任要請に来訪　良寛断る。 貞心22歳で離別。	
	1820	文政３年	63歳	貞心出家し、貞心尼といわれる。	牧之、牛の角突を見て絵を馬琴に贈る。
	1821	文政４年	64歳	良寛東北の旅、米沢へ。	諸国風水害。
	1822	文政５年	65歳	維馨尼、没（58歳）	
	1823	文政６年	66歳	このころ２、３年旅。東北方面	このころの農民の生活。 ①百姓は髪を藁で結ぶこと。 ②木綿の着物に草履をはくこと。 ③雨具は蓑笠のこと。 ④平常時食事は稗、粟、砕米、雑炊であること。 ⑤門がまえ、玄関を禁ずる。 ⑥畳は禁止、藁むしろのこと。 ⑦炬燵は禁ず、老人に限り、あんかを許可する。
	1824	文政７年	67歳	良寛の身辺世話をした妹むら死去（65歳）	与板徳昌寺の虎斑和尚死去（60歳）
	1825	文政８年	68歳	蛾眉山下橋杭が柏崎椎谷浜に漂着。	越後大雪。
	1826	文政９年	69歳	法弟遍澄の奔走により秋、良寛乙子神社草庵から島崎木村家草庵に移る。	

不定住時代	1802	享和２年	45歳	良寛、寺泊の照明寺密蔵院に仮住まい。	
	1803	享和３年	46歳	良寛の兄弟子・仙桂和尚没。	
	1804	文化元年	47歳	密蔵院でくらし、過去帳を記す。	
五合庵時代	1805	文化２年	48歳	このころから良寛五合庵に定住、阿部定珍より万葉和歌集を借りる。	加藤千蔭「万葉集略解」幕府に献上。
	1806	文化３年	49歳	良寛「秋夜三月」の詩あり。	
	1807	文化４年	50歳	法弟三輪佐一没　悼む詩あり。	
	1808	文化５年	51歳		間宮林蔵カラフト探検。
	1809	文化６年	52歳	江戸の学者亀田鵬斎来越、９月五合庵で逢う。良寛の書に嘆称。	
	1810	文化７年	53歳	由之、京屋との争いに敗れ財産没収、出雲崎所払 。	良寛禅師奇話の著者栄重、分水牧ケ花で誕生。
	1811	文化８年	54歳	由之、隠居剃髪す	尼瀬の僧大忍没。千蔭の「万葉集略解」刊、「古今和歌集」刊。
	1812	文化９年	55歳	妹たか没（44歳）画家岩田洲尾五合庵を訪ねる。	
	1813	文化10年	56歳	鈴木文台「寄良寛禅師」の詩。	
	1814	文化11年	57歳	貞心17歳で小出の医師関長温に嫁す 。	「南総里見八犬伝」刊。
	1815	文化12年	58歳	加藤千蔭「万葉集略解」を借り、定珍の万葉和歌集に朱注を書き入れる。	
	1816	文化13年	59歳	大村光枝没（64歳） 良寛・定珍、共に哀悼歌を捧ぐ 五合庵から乙子神社草庵に移る。	

玉島時代	1779	安永８年	22歳	国仙和尚に随行して岡山円通寺へ行く。	
	1780	安永９年	23歳		
	1781	天明元年	24歳		
	1782	天明２年	25歳		
	1783	天明３年	26歳	母ひで亡くなる（49歳）	天明の大飢饉。
	1784	天明４年	27歳		
	1785	天明５年	28歳		
	1786	天明６年	29歳	以南が隠居、 由之が相続 。	田沼意次、失脚。
	1787	天明７年	30歳		
	1788	天明８年	31歳		
	1789	寛政元年	32歳	由之に長男馬之助誕生。	
	1790	寛政２年	33歳	良寛、国仙和尚より印可の偈を頂く。	
	1791	寛政３年	34歳	国仙和尚没（69歳） 良寛西国行脚。	長岡藩主忠精が16年にわたり老中となる。
	1792	寛政４年	35歳		
	1793	寛政５年	36歳		ロシア艦隊、佐渡に来る。
	1794	寛政６年	37歳		
不定住時代	1795	寛政７年	38歳	橘以南、京都桂川にて入水自殺（60歳）	
	1796	寛政８年	39歳	このころ北陸道を経て帰国、郷本の空庵に仮住まいする。	
	1797	寛政９年	40歳	国上寺境内五合庵に仮住まいする。	貞心、長岡藩士奥村五兵衛の次女として誕生。
	1798	寛政10年	41歳	弟香、京都で没す（28歳）	
	1799	寛政11年	42歳		
	1800	寛政12年	43歳	弟宥澄死亡（31歳）	
	1801	享和元年	44歳	江戸の国学者大村光枝（49歳）原田鵲斎（37歳）阿部定珍（23歳）五合庵で和歌唱和。	

良寛略年譜

	西暦	和暦	年齢	出来事	関連事項
幼少時代	1758	宝暦8年	1歳	良寛、出雲崎橘屋の長男として生まれる。幼名栄蔵。	良寛の生きた時代は、干ばつ・洪水・大火等が毎年のように起こった。
	1759	宝暦9年	2歳		
	1760	宝暦10年	3歳	妹むら誕生。	
	1761	宝暦11年	4歳		
	1762	宝暦12年	5歳	弟由之誕生。	信濃で小林一茶誕生。
	1763	宝暦13年	6歳	鵲斎生まれる。	
	1764	明和元年	7歳		
	1765	明和2年	8歳		
	1766	明和3年	9歳		
	1767	明和4年	10歳	弟香誕生。	
	1768	明和5年	11歳	大森子陽にこのころから学ぶ。	
	1769	明和6年	12歳	妹たか誕生。	
	1770	明和7年	13歳	大森子陽に学ぶ　弟宥澄誕生。	
	1771	明和8年	14歳		伊勢お蔭参りが流行る。
	1772	安永元年	15歳	良寛元服。	
	1773	安永2年	16歳		
	1774	安永3年	17歳		
	1775	安永4年	18歳	子陽塾を辞め名主見習になる。良寛、光照寺に入る。	
	1776	安永5年	19歳		
	1777	安永6年	20歳	妹みか誕生。	
	1778	安永7年	21歳	由之、以南の後を継ぎ名主役になる。	

著者略歴

吉岡　二郎（よしおか じろう）

昭和８年　長岡市生まれ

新潟大学卒業後、教職に就く

桐島小学校勤務時代に木村家に下宿

以後、良寛を敬慕、研究

教諭、教頭、校長を経て退職

教育委員会に５年間、勤務

著書『島崎における良寛』（文芸社刊）

　　『愛語の奇跡』（考古堂刊）

愛語に生きた良寛さま

2017年5月1日　発行

著　者　　吉岡二郎

発　売　　株式会社 考古堂書店

〒951-8063　新潟市中央区古町通4

TEL.025-229-4058（出版部直通）

印　刷　　株式会社ウィザップ

ISBN978-4-87499-860-1 C0095